Carta Magna

Una fascinante guía de la historia de la Carta Magna y su influencia en la Inglaterra medieval y el resto del mundo

© Copyright 2020

Todos los derechos reservados. Ninguna parte de este libro puede ser reproducida de forma alguna sin el permiso del autor por escrito. Los críticos del libro pueden citar brevemente pasajes en sus reseñas.

Descargo de responsabilidad: Ninguna parte de esta publicación puede ser reproducida o transmitida de ninguna forma o por ningún medio, mecánico o electrónico, incluyendo fotocopias o grabaciones, o por ningún sistema de almacenamiento y recuperación de información, o transmitida por correo electrónico sin el permiso escrito del editor.

Si bien se ha hecho todo lo posible por verificar la información proporcionada en esta publicación, ni el autor ni el editor asumen responsabilidad alguna por los errores, omisiones o interpretaciones contrarias al tema aquí tratado.

Este libro tiene como única finalidad el entretenimiento. Las opiniones expresadas son exclusivamente las del autor y no deben tomarse como instrucciones u órdenes de expertos. El lector es responsable de sus propias acciones.

La adhesión a todas las leyes y regulaciones aplicables, incluyendo las leyes internacionales, federales, estatales y locales que rigen la concesión de licencias profesionales, prácticas comerciales, publicidad y todos los restantes aspectos referidos a las prácticas de negocios en EE.UU., Canadá, reino Unido o cualquier otra jurisdicción son responsabilidad exclusiva del comprador o el lector.

Ni el autor ni el editor asumen responsabilidad alguna en nombre del comprador o lector de estos materiales. Cualquier desaire que pueda percibirse hacia cualquier individuo u organización es puramente involuntario.

Índice de Contenidos

INTRODUCCIÓN 1
CAPÍTULO 1 - EL REY JUAN 3
CAPÍTULO 2 - EL CAMINO A RUNNYMEDE 9
CAPÍTULO 3 - LA CARTA MAGNA 19
CAPÍTULO 4 - EL FRACASO DE LA CARTA MAGNA....................27
CAPÍTULO 5 - LA GUERRA 34
CAPÍTULO 6 - EL REGENTE Y EL FINAL DE LA GUERRA DE LOS PRIMEROS BARONES 41
CAPÍTULO 7 - ENRIQUE III Y LA CARTA MAGNA 50
CAPÍTULO 8 - LA SEGUNDA GUERRA DE LOS BARONES Y EDUARDO I...60
CAPÍTULO 9 - EL PERIODO MEDIEVAL TARDÍO Y LOS TUDOR. 69
CAPÍTULO 10 - EL RENACIMIENTO DE LA CARTA MAGNA. 79
CAPÍTULO 11 - EL NUEVO MUNDO Y LA CARTA MAGNA.....................86
CONCLUSIÓN 95
REFERENCIAS 97

Introducción

La Carta Magna es reconocida como uno de los documentos más importantes de la historia humana. Es la principal fuente de derecho constitucional de todo el mundo, y ofrece a las personas libertades y protección frente al poder arbitrario del gobierno.

Sin embargo, es también un conjunto de promesas extorsionadas de mala fe por un rey no comprometido que lidiaba con los problemas de la aristocracia del siglo XIII. Entre asuntos ordinarios referidos a tasas, aduanas y leyes sobre la tierra, también encontraron su lugar en el documento las más importantes ideas revolucionarias capaces de cambiar el mundo.

El papel de la Carta Magna en 1215 no era realmente el de conceder libertades a los ciudadanos del reino Unido. Era una herramienta que limitaría a un rey impidiéndole usar un excesivo poder para cobrar impuestos a su propia gente o expropiar las posesiones de las baronías según su real capricho. Observada a la luz de la época medieval en la que nació, la Carta Magna debería estar muerta, recordada solo por la historia y los estudiosos. En cambio, hoy en día permanece muy viva, e incluso es considerada el documento más sagrado que se haya escrito jamás. Numerosos países han basado sus leyes constitucionales en la Carta Magna y es admirada como fundamento de las libertades occidentales, la democracia y el estado de derecho.

Para todos aquellos que se lo están preguntando, este libro ofrece las respuestas a cómo se desarrollaron los eventos que condujeron y siguieron a la redacción de este importante documento. Comenzando con la historia de fondo del injusto gobierno del rey Juan, este libro cuenta el nacimiento de la Carta Magna, su fracaso, su resurrección y su transformación en las leyes de hoy.

Capítulo 1 - El rey Juan

Juan era el hijo menor de Enrique II, rey de Inglaterra. Como tal, fue llamado "Sin Tierra", porque no podría heredar ninguna tierra de las que hubieran estado bajo el gobierno de su padre. Sin embargo, era el hijo favorito, y Enrique consideró incluso nombrarlo su sucesor. Esto provocaría disturbios en el reino, y el trono pasó al hermano mayor, el rey Ricardo. Juan trató, sin éxito, de levantar una rebelión contra el gobierno de su hermano mientras Ricardo luchaba en la tercera Cruzada. A su regreso a Inglaterra, Ricardo hizo las paces con Juan e incluso le nombró su sucesor. Como Ricardo no tenía hijos, Juan heredó el trono y fue coronado rey en 1199. Se convirtió en el gobernante de Inglaterra, Normandía, Anjou, Maine, Touraine, y Aquitania - territorios a los que los historiadores se refieren a menudo como Imperio angevino a pesar de que, oficialmente, era un reino. Los territorios gobernados por los angevinos constituían la mayor masa terrestre de Europa gobernada por un solo gobernante.

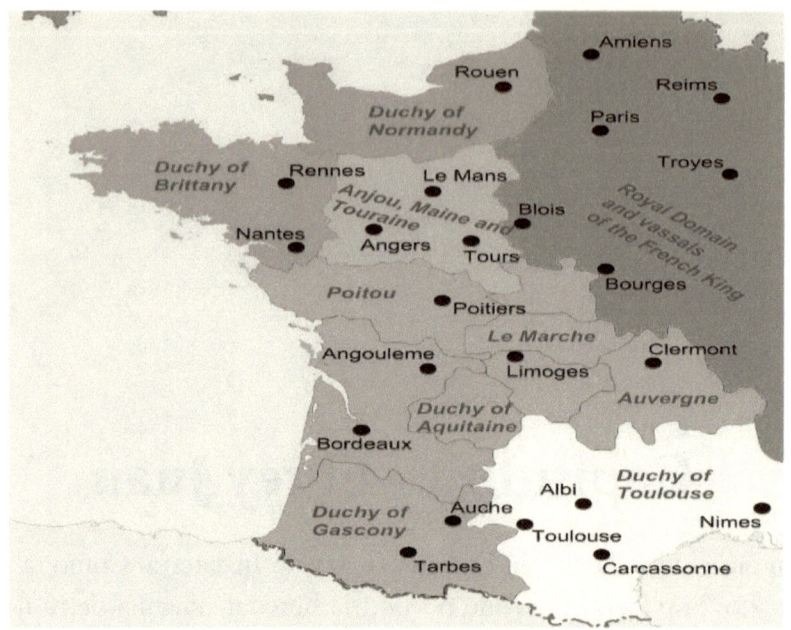

En naranja, el territorio continental angevino
(Fuente: https://en.wikipedia.org/wiki/John,_King_of_England#/media/File:Angevin_empire.svg)

Durante sus primeros cinco años de gobierno, Juan perdió la parte continental del Imperio angevino. Su falta de voluntad para la lucha y el hecho de que huyera a menudo de la batalla le hizo ganar un nuevo apodo: entre sus tropas se le conocía como Juan "Espada blanda". Su principal enemigo era Felipe II, rey de Francia, cuyo objetivo vital era la destrucción del dominio angevino en los territorios franceses. Felipe II era un excelente político, un gobernante despiadado, y tenía un gran apetito de poder. Expandió los territorios del reino de Francia, recuperando provincias previamente conquistadas por los reyes ingleses. Incluso conquistó el Ducado de Normandía, territorio ancestral de los reyes angevinos, asestando un tremendo golpe al rey Juan.

Juan se las arregló para recuperarse rápidamente de todas las pérdidas en Francia. En 1206, Inglaterra y Francia establecieron una tregua, y Juan se dedicó a gobernar Inglaterra. La guerra con Francia fue un desastre para la economía, y el rey necesitaba dinero. Juan incrementó los impuestos de todos. Incluso la Iglesia se vio obligada a contribuir. Nobles, ciudadanos y judíos fueron presionados a pagar unos impuestos irracionales. El rey tuvo tanto éxito en la recolección de riquezas que, para 1212, había acumulado más de 130.000 libras esterlinas (unos 200 millones de dólares) en monedas, que escondió en varios castillos sirviendo como tesoros reales.

Una gran parte de este tesoro acumulado provocaría el conflicto de Juan con la Iglesia debido a que confiscaba tierras de la Iglesia vendiéndolas a los nobles. Esta pugna se desató con la muerte del arzobispo de Canterbury, Thomas Becket. El rey usó su autoridad para proclamar a su propio hombre, un obispo sucesor de Norwich, para el puesto. El papa Inocencio III mantenía una idea diferente. No le gustaba la idea de Juan sobre la autoridad del rey por encima de la Iglesia. Juan no era el único gobernante de Inglaterra que reclamaba autoridad sobre la Iglesia; de hecho, todos lo hacían. Incluso el más piadoso y religioso Guillermo el Conquistador creía en el poder del estado sobre la religión. Este eterno conflicto provocaría eventualmente la separación de la Iglesia inglesa durante el gobierno de Enrique VIII en el siglo XVI.

El papa Inocencio III estaba decidido a nombrar como nuevo arzobispo de Canterbury a un amigo de sus días de joven estudiante, Stephen Langton. El rey Juan se opuso a Langton por varias razones. Quería a su propio hombre en esta crucial posición religiosa, y no confiaba en Langton porque había sido educado en París. Además, su hermano fue empleado por Felipe II de Francia para el mismo puesto en la francesa Notre Dame. Juan veía a Langton como una persona políticamente inapropiada para el puesto de arzobispo en Inglaterra. Sin embargo, el papa Inocencio convenció a la delegación de la Iglesia de Cristo en Canterbury para elegir a Langton como nuevo arzobispo a lo que Juan se opuso apasionadamente. Como represalia, comenzó a confiscar propiedades de la Iglesia, intensificando así el conflicto entre Iglesia y estado. Para castigar a Inglaterra por la expropiación de tierras, el papa Inocencio impuso severas penas eclesiásticas en todo el país. En 1208, creó un interdicto en Inglaterra que impedía a sus funcionarios eclesiásticos disfrutar ciertos derechos y realizar determinados servicios religiosos. En 1209, excomulgó personalmente a Juan, viendo que el rey no se echaba atrás abandonando su causa. Juan decidió que las ganancias financieras de esta lucha superarían con creces los riesgos que corría su alma inmortal. De hecho, la ganancia financiera del interdicto se estima en unas 60.000 libras (unos 100 millones de dólares), el equivalente a dos años de ingresos anuales brutos.

Con un rico tesoro real y firme control sobre su gobierno en Inglaterra, Juan comenzó a concentrarse en la expansión de su reino. Sin embargo, esta vez no miró hacia Francia, ya que sabía que no tenía oportunidad de recuperar los territorios allí perdidos. En su lugar, se concentró en las tierras celtas: Irlanda, Gales y Escocia. Disciplinó a los barones anglo-irlandeses y reforzó su dominio en sus tierras, conquistando así el norte de Gales. Además, invadió Escocia, donde consiguió el control de los derechos sucesorios.

Durante la expedición galesa del rey Juan, se gestó un complot contra su vida y su gobierno. Los barones de Inglaterra planeaban asesinarlo y reemplazarlo por Simón de Montfort, el líder de la Cruzada albigense, una guerra contra los cátaros en el sur de Francia. Juan se enteró de este complot el 16 de agosto, dos días después del ahorcamiento masivo de rehenes galeses, que tenía el propósito horrorizar a los ciudadanos rebeldes de Gales. Temiendo por su vida, el rey abandonó la expedición galesa y exigió enviar a la corte rehenes de los barones rebeldes. Juan sospechaba de todos y no salía de sus aposentos sin escolta armada. Hostigó a sus oponentes hasta el punto de que dos de los barones importantes, Robert Fitzwalter y Eustace de Vesci, huyeron a Francia y se unieron a las fuerzas del rey Felipe II. Sin embargo, poco después de la conmoción inicial, Juan invirtió su política y comenzó a tratar a sus oponentes con un mayor respeto. En realidad, el rey esperaba convencer a algunos de los barones para que lo apoyaran. En cambio, su fuerza como gobernante se derrumbó, y a partir de entonces se le consideró un rey débil y desesperado cuyos fracasos y despotismo habían enfurecido a los barones.

Los barones ingleses fueron los más beneficiados de la conquista de los territorios franceses por los reyes anteriores. En consecuencia, sufrieron un tremendo daño cuando Juan perdió todos los territorios continentales. Sus castillos y tierras se convirtieron en propiedad del rey francés, que tenía derecho a entregárselas a sus propios nobles. Esto significaba que los barones ingleses habían perdido su fuente de ingresos, un hecho al que no podían ser indiferentes. Sin embargo, no eran solo los ingresos lo que preocupaba a los barones. Igual que los reyes, eran hombres ambiciosos que buscaban transferir sus títulos y territorios a sus herederos y casar a sus hijos e hijas en dinastías bien establecidas que les aportaran riquezas y seguridad política. Al perder los territorios franceses, los barones no eran capaces de pagar su deuda con el rey Juan, y sus tierras inglesas fueron confiscadas. El primero en ser requisado por falta de pago de la deuda en 1207 fue el conde de Leicester. Al año siguiente, le siguieron las tierras del favorito de Juan, Guillermo de Braose (o de Briouze). Guillermo fue exiliado, y su esposa e hijo se convirtieron en prisioneros de Juan. Se cree que ambos murieron de hambre mientras se encontraban encerrados en el castillo de Windsor. Juan interpretaba las leyes existentes, y se tomaba la libertad de crear otras nuevas según le pareciera. Trató de excusarse explicando que solo estaba castigando a aquellos que no pagaban sus deudas con la corona. Sin embargo, los barones tenían su propia interpretación de las leyes, y veían el gobierno de Juan como algo atroz. Para ellos, daba la sensación de que el rey tenía demasiado poder y había que detenerlo.

En Francia, Fitzwalter y Vesci encontraron simpatía en el rey Felipe II y en los legados papales. Protestaron contra el gobierno de Juan atacándolo personalmente, y contando historias sobre su infidelidad en las que tomaba como amantes a mujeres casadas, en su mayoría de origen noble. No está claro si tales eran sucesos verdaderos o simplemente invenciones de los barones buscando el apoyo de la corte francesa, pero Juan sigue siendo recordado por su infidelidad. Los barones contaron al legado papal Pandulf Verraccio su decisión de rebelarse contra el rey inglés debido a un interdicto promulgado en su propio país. También afirmaron que no podían servir a un rey que estaba excomulgado. Fitzwalter y Vesci ganaron más aliados junto al rey Felipe y a los legados del Vaticano. Igualmente consiguieron el apoyo de ingleses exiliados que habían buscado refugio en Francia, como Giles de Braose (hijo de William de Braose), el obispo de Hereford, y Stephen Langton.

Juan tenía dos oposiciones separadas contra su gobierno: los barones y el Vaticano. Hasta los hechos de París, estos dos lados de la oposición se encontraban distanciados el uno del otro. Sin embargo, con Felipe II actuando como mediador, los barones y el Vaticano comenzaron a trabajar juntos uniéndose contra un enemigo común, el rey de Inglaterra. Juan era consciente de esta unión, y trató de separarla sellando un trato con el papa. El 15 de mayo de 1213 en Ewell, cerca de Dover, el rey entregó formalmente el reino de Inglaterra al legado papal Pandulf. Al mismo tiempo, planeó una nueva invasión a Francia, con la que trató de satisfacer a sus partidarios y ganar nuevos aliados entre los barones enemistados. Sin embargo, los franceses, con sus aliados flamencos, derrotaron al ejército del rey el 24 de julio de 1214 en la batalla de Bouvines. En consecuencia, Juan prometió al papa Inocencio III que restauraría las tierras de sus principales barones oponentes, Fitzwalter y Vesci. El rey Juan fue derrotado no solo en batalla sino también en la diplomacia. El peor golpe recibido sería el agotamiento de sus tesoros reales. Sin dinero, no podía defenderse de sus enemigos políticos. Estaba desnudo frente a la oposición, y no tenían razón alguna para perdonarlo.

Capítulo 2 – El Camino a Runnymede

En octubre de 1214, John regresó a Inglaterra de su fallida expedición francesa, donde se enfrentó de inmediato a la revuelta de los contribuyentes. El vacío tesoro real exigía de nuevo unos impuestos más altos, que los ciudadanos no podían soportar. En consecuencia, la oposición nacional comenzó a tomar forma y estructura. Era el momento perfecto, ya que los líderes de la oposición, Fitzwalter y Vesci, estaban de vuelta. Al ser los primeros en ser sospechosos de revuelta, ambos nobles se vieron forzados a cambiar su estrategia.

Típicamente una revuelta contra un rey requería considerar un reemplazo adecuado para ocupar el trono. En el caso de Juan, no existía tal reemplazo adecuado. Se aseguró de deshacerse de todos los posibles sucesores a la corona, y sus propios hijos eran demasiado jóvenes como para representar una amenaza. Fitzwalter, Vesci y otros barones no podían permitirse ser rebeldes sin causa. La solución era rebelarse no contra el rey sino contra su idea de cómo debería gobernar. Idearon un conjunto de reformas legales y gubernamentales que restringirían el poder del rey concediéndose a sí mismos un conjunto de libertades nuevas. Estas reformas fueron plasmadas en una Carta más tarde reconocida por el rey como la Gran Carta de las Libertades.

Un nuevo nombre surgió en la escena política inglesa del siglo XIII: Stephen Langton. Langton fue nombrado arzobispo de Canterbury en 1207. Después de su tardío nombramiento para el cargo, juró lealtad al rey Juan, quien al principio se opuso a su establecimiento en Canterbury. El papa instruyó a Langton para que hiciera todo lo que estuviera en su poder con el fin de traer la paz al rey y al reino. Esto significaba que se esperaba que se comportara como mediador entre dos bandos opuestos, el rey y los repugnantes barones. En 1213, el arzobispo levantó la excomunión del rey, y Juan, a cambio, juró proteger el reino y la Iglesia. También juró mantener las leyes benévolas y deshacerse de las injustas, así como proporcionar justicia a todos por igual. Sin embargo, los barones eran libres de interpretar el juramento de su rey como quisieran, y determinaron que significaba la restauración de las antiguas libertades de los barones. Invocaron la Carta de coronación de Enrique I, que permitiría a los barones disfrutar de los derechos que Juan había logrado quitarles. Esta Carta estaba destinada a obligar al rey a tratar a los nobles, funcionarios de la Iglesia y a los particulares de acuerdo con la ley. El exceso de impuestos de los barones quedaba condenado por la Carta, así como cualquier forma de corrupción. Sin embargo, la Carta de coronación de Enrique I fue ignorada por el rey hasta 1213. Se rumorea que el propio Langton recordó a los barones la propia Carta y los derechos que se garantizaban en ella; no obstante, incluso el cronista contemporáneo Roger de Wendover admite que es solo un rumor sin existir pruebas concretas de la participación de Langton.

Aunque el rey Juan dispuso su propia Carta el día de su coronación, prometiendo que su deber era el de proveer y asegurar la libertad y la seguridad de todo el pueblo de Inglaterra, los barones no confiaban en él. Por esta razón, eligieron invocar la Carta de coronación de Enrique. Además, la antigua Carta era más alentadora que la de Juan. Detallaba asuntos como la herencia, el matrimonio, la tutela, y más, todos aquellos puntos sobre los que los barones habían discutido con el rey. El fuero de Juan era grandilocuente y usaba palabras vagas, pero los barones querían soluciones prácticas a los problemas que enfrentaban, no lejanas promesas de un futuro mejor. Eran conscientes de que las leyes de Enrique necesitaban ser reelaboradas para apelar a sus problemas y a sus tiempos, aunque servían como una buena base para la reconstrucción de la ley y el gobierno.

El 6 de enero de 1215, el rey Juan viajó a Londres para reunirse con los barones rebeldes. Se trataba un día simbólico, ya que era el último día de Navidad cuando, según la antigua tradición inglesa, se homenajeaba a la realeza. Juan llevaba la corona y esperaba que sus súbditos respetaran el simbolismo del día. Sin embargo, los barones vinieron armados y preparados, sin permitir que el rey los desviara de su camino elegido. Débil ya políticamente, Juan perdió la iniciativa. La reunión tuvo lugar en el nuevo templo de Londres, lugar del poder inglés perteneciente a la orden de los Caballeros Templarios. El templo era un territorio neutral que limitaba con Londres por el norte, pero que no formaba parte de la gran ciudad. Los barones en armas exigieron que Juan confirmara el estatuto de Enrique I, pero en su lugar, el rey pidió un aplazamiento. La reunión fue infructuosa, y la guerra abierta aparecía como una posibilidad en un futuro cercano.

Los barones contaban con el apoyo de algunos obispos, ya que habían jurado ayudar a la casa de Dios. También prometieron llevar la libertad a la Iglesia y a todo el reino. El rey Juan exigió que los barones le juraran lealtad. Añadió una cláusula al tradicional juramento de lealtad pidiendo a sus súbditos que lo apoyaran, no solo contra todos los hombres sino también contra la Carta.

Como la reunión en el nuevo Templo había alcanzado un punto de estancamiento, Juan y los barones acordaron retrasarla programando la próxima reunión para el 26 de abril. Ambos bandos utilizaron esta pausa para tomar decisiones tácticas que les permitieran obtener una ventaja sobre el bando contrario. Para confirmar su alianza con el papa, y estar seguro de que recibiría el apoyo del Vaticano, Juan "tomó la cruz", lo que significa que juró unirse a la Cruzada. Este voto le aseguró la protección de la Iglesia en todos los asuntos, tal como dictaba la ley eclesiástica medieval. El papa Inocencio III aprovechó la oportunidad para condenar oficialmente las acciones de los barones rebeldes. También les ordenó que depusieran las armas y prestaran juramento al rey, amenazando con la excomunión a quien se negara a hacerlo. El papa igualmente escribió a Langton, acusándolo de no actuar como mediador para traer la paz al reino. Una vez más, ordenó a Langton que persuadiera a ambas partes para que se pusieran de acuerdo a toda costa.

Al acercarse el día de la siguiente reunión con el rey, los barones reunieron sus ejércitos en Stamford. Comenzaron su marcha hacia Northampton, lugar donde se iba a celebrar la reunión. En el camino, se les unieron Robert Fitzwalter y Geoffrey Mandeville, Conde de Essex, acompañados por sus propias fuerzas. El ejército de barones iba creciendo a medida que se acercaban a Northampton, convirtiéndose en una fuerza importante que amenazaba al rey. Juan, sin embargo, rompió su palabra una vez más. No compareció en la reunión acordada. En su lugar, prometió un paso seguro a cualquiera que se acercara a él para hablar por mediación del arzobispo Langton. Los barones continuaron su marcha reuniéndose con Langton en Brackley, una mansión del conde de Winchester. Allí los barones elaboraron una lista de peticiones que tenían para el rey y se la presentaron a Langton. Esta lista serviría como base para la Carta Magna, y Langton se aseguró de que Juan la recibiera. Al oír las peticiones, Juan las rechazó inmediatamente, respondiendo que los barones eran pretenciosos e irrazonables. También afirmó que concederles todas las libertades que pedían, significaba que el rey se convertía en su esclavo, no en su gobernante.

A los barones no les fue dada otra opción que llevar a cabo su amenaza de guerra civil, renunciando a sus juramentos de lealtad al rey el 5 de mayo. Robert Fitzwalter se convirtió en el comandante en jefe de la rebelión, y tomó el título de Mariscal del Ejército de Dios y de la Santa Iglesia en puro desafío a la toma de la cruz por parte de

Juan y su alianza con el Vaticano. Su primer objetivo fue asediar el castillo de Northampton, propiedad del rey. Allí, los rebeldes se enfrentaron a sus primeras pérdidas. Muchos murieron en el infructuoso asedio, ya que no tenían máquinas de asedio. No queriendo perder a más gente todavía, los barones decidieron abandonar el castillo de Northampton y continuar su marcha hacia Bedford.

El 9 de mayo, Juan envió una Carta referida a las demandas completas de los barones rebeldes. Prometió que el papa actuaría como presidente de una nueva comisión formada por ocho barones, cuatro de los cuales serían elegidos entre los que permanecieran leales al rey, y cuatro de los cuales serían elegidos por los rebeldes entre sus propias filas. El 10 de mayo, prometió el libre paso a los barones rebeldes sin represalias. Además, prometió que no arrestaría ni atacaría a los mismos. Sin embargo, tan solo dos días después, el rey emitiría una orden permitiendo a sus hombres apoderarse de las tierras de los barones rebeldes.

Aprovechando la oportunidad del 9 de mayo y la Carta de Juan, por la que prometía abordar todas las demandas de los rebeldes, los barones redactaron un documento al que los historiadores se refieren como la "Carta de Libertades Desconocida". Una vez más, el nuevo documento se construyó sobre la Carta de Libertades de Enrique, utilizando directamente siete cláusulas de la misma, junto a otras nuevas que tenían el propósito de reforzar las libertades existentes. El rey Juan trató de ganar más tiempo aguardando a que el papa Inocencio III lo respaldara. Sin embargo, los barones rebeldes no encontraron estos retrasos apropiados. No podían perder el impulso, así que decidieron reunir un ejército y atacar Londres. En respuesta, Juan trató de ganar el apoyo de los ciudadanos de Londres emitiendo una Carta especial que les concedía ciertos derechos y la capacidad de elegir un nuevo alcalde anualmente. Pero Robert Fitzwalter tenía sus propios lazos con Londres. Como señor del castillo de Baynard, actuó como procurador de la ciudad, abanderado y comandante de la milicia de la ciudad. Además de estos títulos oficiales, también tenía relaciones comerciales en Londres que le permitían el acceso a todas las clases sociales. Utilizando su red de contactos y favores, Fitzwalter logró asegurar el apoyo de los ciudadanos de la población a los barones rebeldes. Cuando el ejército llegó a la ciudad el 17 de mayo, las puertas de la misma estaban abiertas para ellos, y tomaron su control sin resistencia alguna.

A pesar de que Londres les fue prácticamente concedida, Fitzwalter y los otros barones decidieron atacar a los judíos, demoler sus casas y usar los materiales para reforzar las murallas de la ciudad. Los barones que continuaron apoyando al rey tampoco se salvaron. Sus propiedades fueron saqueadas y usadas para financiar la causa, y sus casas fueron quemadas, demolidas o reutilizadas. La caída de la capital fue decisiva. Muchos barones leales decidieron unirse a la rebelión, algunos por temor a sus vidas y propiedades, y otros al darse cuenta de dónde se encontraba el poder político. Solo unos pocos eligieron resistir, y tuvieron que huir de la ciudad para seguir apoyando al rey.

Juan se vio obligado a acordar una tregua, y el 27 de mayo envió a sus hombres a desempeñar el papel de intermediarios. Se instaló en el castillo de Windsor, donde permaneció durante las negociaciones. Con el rey en Windsor y los barones rebeldes en Staines, en el río Támesis solo había un lugar adecuado para el encuentro entre las dos partes en conflicto: Runnymede. Este sitio era una pradera en la orilla sur del Támesis, situada a mitad de camino entre Windsor y Staines. Debido a que ambas partes venían con sus ejércitos detrás, cualquier lugar de encuentro podía convertirse fácilmente en un campo de batalla. Se eligió Runnymede porque el terreno era demasiado húmedo y pantanoso, así que nadie se volvería lo suficiente loco como para empezar una batalla allí.

Acompañado por Stephen Langton, el rey Juan fue en persona el 10 de julio a reunirse con los barones en Runnymede. En esta fecha se selló el tratado de paz incluyendo todos los términos exigidos por los barones. Este documento, que los historiadores llaman los "Artículos de los Barones", comienza así: "Estos son los artículos que los barones pretenden y que el rey acepta".[1] En el transcurso de los siguientes diez días, Stephen Langton logró reconvertir los artículos en una Carta. Como extraordinario mediador de paz, Langton tuvo que cumplir las demandas de los barones y transformarlas en una propuesta de paz. Cuando el rey Juan finalmente aceptó el tratado propuesto, puso su sello en él como símbolo de acuerdo. Era el gran sello de Inglaterra estándar de doble cara, y se unía al documento en la parte inferior mediante cuerdas.

El sello de la dinastía angevina era una referencia al texto del Antiguo Testamento en el que los judíos exigen tener un rey: "...para que nuestro rey nos juzgue, y salga delante de nosotros y pelee nuestras batallas".[2] Por un lado del sello real era una representación visual de un rey como juez, y por el otro lado era la imagen de un rey como comandante militar. Es irónico que Juan, un rey que le falló a su nación en ambos casos, como juez y como comandante de batalla, utilizara este sello. La historia solo lo recuerda como un juez injusto y un líder militar fracasado que perdió todos los territorios continentales de Inglaterra. Además, el sello se estaba utilizando ahora para entregar el poder real en lugar de para engrandecerlo, como lo había hecho en el pasado.

El documento que fue sellado en Runnymede era en efecto la Gran Carta, o Carta Magna, pero no se llamaría así hasta pasados de unos años más. Sin importar el nombre que se utilizara en ese momento, el documento era un símbolo de los rápidos cambios políticos del siglo XIII e indicaba el declive del poder real. A diferencia de la "Carta Desconocida", que solo tenía doce artículos, los artículos de los barones tenían cuarenta y ocho. Entre ellos había un artículo que otorgaba diversas libertades a la ciudad de Londres, como la libertad de comercio y transporte por el río Támesis. Los

---

[1] The Article of the Barons. (15 de septiembre 2014). Extraído de https://www.bl.uk/collection-items/the-articles-of-the-barons

[2] La Biblia, Samuel 8,20.

ciudadanos de Londres hicieron bien en ponerse del lado de los barones, ya que su decisión no trajo más que ventajas a la ciudad.

Pese a que Robert Fitzwalter adoptó el título de "Mariscal del Ejército de Dios y de la Santa Iglesia", es algo bastante inusual que los artículos de los barones no contengan un solo artículo que se refiera a los derechos de la Iglesia. Está claro que los artículos trataban de excluir al papa de la política inglesa, y es bastante extraño que el rey Juan estuviera de acuerdo. El último artículo dice que el rey no tiene derecho a pedir al papa que revoque o reste importancia a este documento de ninguna manera. Y aunque intentara hacerlo, el documento tenía garantías, ya que ningún acuerdo de esta naturaleza entre el rey y el papa sería reconocido por la ley.

La desconfianza que los barones habían mostrado hacia el rey se mantenía y seguían insistiendo en llevar ellos mismos los artículos a Londres. De hecho, algunos de los barones no encontraban lo suficientemente satisfactorio que el documento fuera sellado por el monarca. Querían más pruebas de su buena voluntad. De esta forma, Stephen Langton y otros obispos de Inglaterra, junto con el legado papal Pandulf, fueron convertidos en responsables del comportamiento del rey y les fue encomendada la tarea de asegurar el cumplimiento de los artículos.

El 15 de junio se celebró otra sesión plenaria en Runnymede. Esta fecha se celebra en Inglaterra como el día de importancia histórica en el que se firmó la Carta Magna. El evento se ha representado en la cultura inglesa por diversos escultores, pintores, escritores; y políticos a lo largo de la historia han utilizado este hecho en sus campañas. Muchos intentaron convertir el día en un festivo adicional, una festividad nacional en el reino Unido. Aunque la opinión popular es que la Carta Magna fue firmada el 15 de junio, no existen pruebas que confirmen esta afirmación. Excepto por la mención por un escritor coetáneo de que en esa fecha se celebró una reunión en Runnymede, no existe evidencia que confirme de qué se trató tal encuentro. No pudo tratarse de la firma por muchas razones: El rey Juan no sabía escribir, y en la Inglaterra medieval, los documentos se reconocían con un sello, no con una firma manual. Ya se sabe que el rey selló los artículos el 10 de junio. Sin embargo, en el medievo, los gobernantes no se rebajaban tanto como para sellar sus propios documentos. Para ello, existía un miembro seleccionado de la Cancillería de la Corte llamado Spigurnel, cuyo deber era sellar los documentos con la aprobación real. La historia solo puede adivinar lo que ocurrió en esta fecha y si el 15 de junio es la fecha correcta, es solo porque un escritor desconocido lo menciona.

Se cree que la cláusula final, numerada como sesenta y tres, fue añadida durante la reunión del 15 de junio. Esta cláusula llama a la liberación de la Iglesia y recuerda las libertades y derechos de los ciudadanos y sus herederos:

"Por lo tanto, deseamos y ordenamos firmemente que la Iglesia inglesa sea libre, y que los hombres de nuestro reino tengan y mantengan todas las libertades, derechos y concesiones mencionadas, bien y pacíficamente, libre y tranquilamente, plena y completamente, para ellos y sus herederos de nosotros y nuestros herederos, en todos los asuntos y en todos los lugares para siempre, como se ha dicho. Además, se ha hecho un juramento, tanto por nuestra parte como por la de los barones, de que todo lo anterior se observará de buena fe y sin disposiciones maliciosas". [3]

Esta sección de la Carta Magna puede ser considerada una pista de lo que pasó el 15 de junio. No se trató de la firma de la Gran Carta, como comúnmente se cree, sino de la proclamación, conclusión y promesa de un juramento.

Los satisfechos barones renovaron sus juramentos de lealtad al rey cuatro días después, el 19 de junio. La ceremonia fue suntuosa, y el rey llevaba los adornos ceremoniales de su abuela, la emperatriz Matilda. Con la Gran Carta asegurando sus derechos, los barones estaban ansiosos por jurar lealtad a su rey. Los escritores contemporáneos coinciden en que no hubo signos de animosidad

---

[3] Carta Magna, Cláusula 63

entre los antes enfadados barones y el rey Juan durante la ceremonia de renovación de juramento, que tuvo lugar en Runnymede.

En el período entre el 10 y el 15 de junio, fueron añadidos más artículos a la Carta. Especialmente importante es la Cláusula 14, que describe el "Consejo Común" del reino. La vaga frase "Consejo Común" se definía claramente como una asamblea parlamentaria convocada para los barones, obispos y terratenientes principales a los que se les daba el poder de decidir si los nuevos impuestos eran válidos, justificados y en una cantidad razonable.

Capítulo 3 – La Carta Magna

La Carta Magna de 1215 escrita en latín medieval.
*(Fuente:https://en.wikipedia.org/wiki/Magna_Carta#/mediaFile:Magna_Carta
_(British_Library_Cotton_MS_Augustus_II.106).jpg)*

La Carta Magna fue escrita en prosa y en latín. Solo más tarde, en tiempos modernos, se dividiría en sesenta y tres cláusulas que parecen ser una recopilación de frases sucedidas sin orden evidente alguno. Sin embargo, cuando es leída en prosa, se convierte en una obvia crítica al gobierno de la dinastía de Plantagenet, particularmente al de

Juan. La Carta Magna trata asuntos políticos, legales, económicos, eclesiásticos y feudales, todos ellos de gran importancia entonces y que continúan manteniendo hoy en día una importancia vital.

El documento comienza con un preámbulo, o introducción, donde el rey Juan se dirige a todos los hombres de su reino. Conserva en el mismo los títulos de duque de Normandía, duque de Aquitania y conde de Anjou, aunque había perdido esos territorios mucho antes a lo largo de su reinado. Los hombres a quienes se dirige son arzobispos, obispos, abades, barones y condes, pero también nombra a sus sirvientes: silvicultores, jueces, sheriffs, corregidores y otros. La parte más importante del discurso su finalización con *"omnibus fidelibus suis"*, que se traduce como "todos los fieles". Con esto, Juan hacía saber que la Gran Carta no se concedía a aquellos que no fueran sus leales súbditos. La Carta no fue dada libremente, del rey al pueblo. Únicamente era válida para aquellos que renovaran sus juramentos y juraran lealtad al rey. Solo aquellos que eran fieles a la corona tenían derecho a disfrutar de las libertades y la paz garantizadas por el texto.

El documento continúa con una lista de los consejeros del rey. Incluye veintisiete nombres de personas que trabajaron en la Carta Magna. La mayoría eran obispos y barones que permanecieron leales al monarca durante la revuelta de los barones. Estos mismos nombres se repiten en la cláusula 62, donde figuran como testigos del documento. Como principal mediador de la Carta Magna en Runnymede, e incluso antes, Stephen Langton figura al principio de la lista. Es descrito como "Primado de toda Inglaterra y Cardenal de la Santa Iglesia Romana". Sin duda, y siendo debido a su influencia, la primera cláusula de la Carta Magna trata sobre el estatus de la Iglesia.

_{Las primeras palabras de la primera cláusula de la Carta Magna son las siguientes: "En primer lugar, hemos otorgado a Dios y confirmado por esta, nuestra presente Carta, que la Iglesia inglesa será libre para nosotros y nuestros herederos a perpetuidad". 4}

---

[4] Traducción de la Carta Magna, cláusula 1. (s.f.). Extraído de https://www.archives.gov/exhibits/featured-documents/magna-Carta/translation.html

Es comúnmente creído que esto se trató de un intento de Langton de que, de una vez por todas, se resolviera el conflicto desatado entre los reyes Plantagenet y la Iglesia desde la década de 1160 cuando Enrique II se enfrentó a Thomas Becket. Esta primera línea referida a la Iglesia y su estatus es un eco de los comentarios iniciales de la Carta de coronación de Enrique I, que tuvo una gran influencia en la Carta Magna. Langton se las arregló para asegurarse de que el rey no tendría derecho a interferir en las elecciones de la Iglesia. Quizás su experiencia personal, cuando Juan se negó a reconocerlo como arzobispo de Canterbury, le dio la motivación para pelear de forma especial por esta causa. Además de tratarse la primera cláusula, existe otro aspecto importante de la misma que describa a la Iglesia y sus libertades. Cuando termina, el rey reintroduce en la Gran Carta la siguiente declaración: "También hemos concedido a todos los hombres libres de nuestro reino..."[5] Este nuevo comienzo da especial importancia a la cláusula que referida a la Iglesia. No es solo la primera promesa, sino también una específica para la institución. Como tal, se coloca por encima de todas las demás promesas que el rey realiza en la Carta Magna, lo que lleva a algunos historiadores a pensar que la Iglesia pasaba a disfrutar de una protección especial.

Los barones no incluyeron a la Iglesia en sus artículos cuando propusieron por primera vez el documento. Sin embargo, la Carta Magna se refiere a la Iglesia inglesa. De hecho, colocó a esta por encima de todo lo demás. A pesar de que Langton llegó tarde a las negociaciones, se las arregló para situar sus propios intereses políticos en la cima. Como para afirmar el estatus especial que se le dio a la Iglesia en el documento, la cláusula 63 establece lo siguiente: "Deseamos y ordenamos firmemente que la Iglesia inglesa sea libre y que los hombres de nuestro reino tengan y mantengan todas las libertades mencionadas".[6] Aunque el primer borrador del documento

---

[5] Traducción de la Carta Magna, reintroducción. (s.f.). Extraído de
https://www.archives.gov/exhibits/featured-documents/magna-Carta/translation.html

[6] Traducción de la Carta Magna, cláusula 63. (s.f.). Extraído de
https://www.archives.gov/exhibits/featured-documents/magna-Carta/translation.html

en forma de Artículos de los Barones se tratase un documento secular, la Carta Magna no lo es. En ella, las consideraciones religiosas tienen prioridad y se tratan por separado del resto de la Carta.

El siguiente asunto del que trató la Carta Magna era el más importante para los barones: los derechos y compensaciones en las herencias. En el segundo artículo, Juan prometió que limitaría la cuota de la herencia real a 100 libras, y que sería igual para todos los condes, barones y otros grandes hombres de relevancia. La cuota se redujo a 100 marcos en el caso de los caballeros. Como nota al margen, el marco en la Inglaterra medieval no era una moneda sino una unidad de contabilidad introducida por los daneses. Un marco valía trece chelines y cuatro peniques.

Por consiguiente, el rey no cobraría unas escandalosas cantidades de dinero por el derecho a heredar tierras y propiedades. Casos como el de William FitzAlan, a quien se le cobró 10.000 libras por recibir su herencia, no se repetirían. Mediante otras cláusulas, el rey prometió que no forzaría a sus hombres a la bancarrota para conservar su control político sobre ellos. No incautaría tierras u otras propiedades por una deuda si el deudor podía pagarla con sus posesiones personales. Se detalló el proceso de determinación de la riqueza de una persona fallecida. Los funcionarios de hacienda no tenían derecho a extorsionar, intimidar y arruinar a las personas, y se les sometía a una estricta supervisión (cláusulas 26 y 27).

Otras cláusulas de la Carta Magna se referían a diversos aspectos sobre el derecho de herencia. Las viudas no pagarían la cuota de la herencia al rey y se les daba acceso a su parte de la propiedad de inmediato tras la muerte de sus maridos. Las cláusulas 7 y 8 también aseguraban que las viudas no se casarían de nuevo contra su voluntad. Sin embargo, ello no significa que la Carta Magna fuera liberal en cuanto a los derechos de la mujer. Por ejemplo, la cláusula 54 establece: "Ningún hombre será arrestado o encarcelado por la reclamación de una mujer por la muerte de alguien que no sea su marido".[7]

En la cláusula 3 se establece que los jóvenes que aún no hubieran alcanzado la edad legal de madurez no estarían obligados a pagar los honorarios del rey a causa de herencia, pero podrían heredar sus posesiones solo cuando alcanzaran la edad legal de madurez. Bajo la cláusula 37, los jóvenes estaban protegidos de la voluntad del rey de retenerlos y reclamarlos como sus pupilos. Cualquiera a quien se le concediera la tutela de menores debía mostrar respeto por su herencia y no usarla para beneficio personal.

Las cláusulas 10 y 11 de la Carta Magna se encargan de las deudas con los prestamistas judíos y con el rey, a quien se le prohibía solicitar préstamos de alto interés a través de sus funcionarios propios. La cláusula 13 confirma las antiguas libertades de Londres, ya que la ciudad había jugado un papel clave en las negociaciones entre el rey y los barones rebeldes. Los comerciantes que habitaban Londres tenían libertad de movimiento, tanto en tierra como en agua y también estaban exentos de "peajes maliciosos". La misma cláusula describe a continuación cómo deben ser tratados los comerciantes extranjeros en tiempos de guerra.

La gente que perseguía justicia tenía ahora el Tribunal de Peticiones Comunes, que contaba con una ubicación fija. Hasta la Carta Magna, los ciudadanos del reino tenían que buscar a Juan y pedirle una audiencia. La Carta Magna garantizaba que los juicios del condado se celebrarían a una hora y en un lugar fijo durante todo el año, y que las multas por delitos debían encontrarse dentro de los límites razonables (cláusulas 17-22).

La cláusula 35 de la Carta Magna regulaba las medidas de cualquier cosa importante del reino, como el maíz, la tela, la cerveza y el grano. El documento prohibía la incautación, lo que significaba que los oficiales reales ya no podían confiscar bienes, grano o caballos

---

[7] Traducción de la Carta Magna, cláusula 54. (s.f.). Extraído de https://www.archives.gov/exhibits/featured-documents/magna-Carta/translation.html

para uso personal del rey. Si el rey tenía una necesidad inmediata de tales cosas, sus oficiales tenían que pagar por ellas.

La cláusula 44 se refería a las personas que vivían fuera de las tierras de los bosques y las protegía de ser juzgadas por la ley forestal. Las cláusulas 47 y 48 se referían igualmente a la esta ley, limitando los lindes del bosque e instando a la investigación de la corrupción entre los funcionarios forestales.

La Carta Magna trataba sobre derecho consuetudinario pero también acerca de grandes ideas. No es de extrañar que algunas de sus cláusulas se hayan utilizado durante más de ocho siglos. Por ejemplo, la cláusula 21 establece que los barones y condes solo podían ser multados por sus pares y "de acuerdo con la ofensa".[8] Otra cláusula que perduró durante mucho tiempo es la 45. Dice: "Los jueces, sheriffs y otros funcionarios reales deben ser competentes". Más tarde, la cláusula 39 se amplió convirtiéndose en una de las declaraciones más duraderas e importantes en cualquier documento constitucional. Su redacción final es la siguiente:

Ningún hombre libre será arrestado, o encarcelado o destituido, o proscrito, o exiliado, o de cualquier otra manera mancillado, ni iremos o enviaremos contra él, excepto mediante juicio legal de sus pares o por la ley de la tierra (*nisi per legale judicium parum sourum*)".[9]

No hay duda de que esta cláusula fue diseñada con la intención de impedir que el rey Juan persiga legalmente a algunos de sus mejores hombres. Junto con la cláusula 40, que simplemente dice, "A nadie venderemos, a nadie negaremos o retrasaremos, el derecho o la justicia", la cláusula 39 conforma la base de los principios del juicio mediante jurado. También contiene la idea básica de que la justicia siempre debe impedir que el gobierno abuse de su poder.

---

[8] Traducción de la Carta Magna, cláusula 21. (s.f.). Extraído de https://www.archives.gov/exhibits/featured-documents/magna-Carta/translation.html

[9] Traducción de la Carta Magna, cláusula 39. (s.f.). Extraído de https://www.archives.gov/exhibits/featured-documents/magna-Carta/translation.html

La Carta Magna es un documento de gran alcance, sin embargo, gran parte del mismo sigue siendo vago, y algunas áreas de la misma parecen inacabadas. Algunas cláusulas estaban claramente destinadas a resolver algunas de las complejas cuestiones políticas de la época; sin embargo, se perciben apresuradas o abandonadas a mitad de la frase. Por ejemplo, las cláusulas 49, 50 y 51 hablan de la promesa del rey de liberar a todos los rehenes y otorgar Cartas al pueblo de Inglaterra como garantía de paz. También prometía que expulsaría a los caballeros y soldados mercenarios extranjeros; sin embargo, no existen detalles de cuándo y dónde sucedería esto. Estas cláusulas parecen el principio de una idea, pero mucho quedó por decir

Las cláusulas 39 y 40 son, hasta hoy, consideradas como los cimientos de la democracia occidental moderna, aunque la cláusula 61 es de igual importancia. Se conoce como la "cláusula de seguridad" por la cual los hombres que vivieron en 1215 encontraron una manera de hacer cumplir al rey la palabra dada en la Gran Carta. Sin ella, el rey era libre de romper sus promesas al pueblo y volver a sus antiguas formas de gobierno. La cláusula de seguridad habla de un posible escenario en el que, si el rey se proponía "transgredir alguno de los artículos de la paz...", un consejo de veinticinco barones conservaba el pleno derecho de "desautorizarnos y empobrecernos de todas las formas posibles, tomando castillos, tierras y posesiones y de cualquier otra forma que puedan... salvar nuestra persona y las personas de nuestra reina y niños".[10] Esto significaba que si el rey rompía sus promesas, tendría que enfrentarse a la ira de sus propios súbditos. La Carta Magna hizo legal la guerra civil, algo bastante extraño para un documento que pretendía asegurar la paz.

Solo hay cuatro versiones en pergamino de la Carta Magna que hayan sobrevivido hasta hoy. Dos de ellas se encuentran en la Biblioteca Británica (de las cuales una está muy dañada por un incendio ocurrido en 1731), la tercera está asegurada en la catedral de

---

[10] Traducción de la Carta Magna, cláusula 61. (s.f.). Extraído de
https://www.archives.gov/exhibits/featured-documents/magna-Carta/translation.html

Salisbury, y la cuarta se guarda en el castillo de Lincoln. Hay variaciones entre estos cuatro documentos, pero todas son copias del acuerdo. Todas llevan un sello de autenticidad, un sello real de cera de doble cara pegado en la parte inferior de los documentos con un cordón corto de seda. Había muchas más copias de la Carta Magna, y muchos duplicados y reediciones han sobrevivido en archivos de todo el mundo, pero solo a estos cuatro documentos se los considera las Cartas "originales". Se desconoce si hubo un documento original basándose en el cual se hicieron todas las copias o si estas se confeccionaron simultáneamente. La firma de la Carta Magna es representada a menudo de una forma romántica, con el rey firmando ceremoniosamente el documento, pero tal como se ha comentado anteriormente, probablemente eso nunca ocurrió. Muchos de los hechos que rodean la creación de la Carta Magna continúa siendo un misterio. La historia solo puede suponer cómo se llevó a cabo el proceso de convertir un acuerdo de paz en un documento que incluye principios constitucionales, y le ha llevado mucho tiempo determinarlo.

Capítulo 4 – El Fracaso de la Carta Magna

La historia atribuye únicamente a menudo la culpa del fracaso de la Carta Magna al rey Juan. Aunque él no esté libre de culpa, los barones tampoco eran unos santos. Rápidamente comenzaron a abusar de su recién adquirido poder, de manera similar a como lo hizo Juan en su peor momento. Los barones eran conscientes de que Juan trataría de librarse de la Gran Carta, y considerando su sistemática deshonestidad en el pasado, estaban decididos a detenerlo. La ya mencionada cláusula 61 daba a los barones la tan necesaria libertad para actuar si el rey rompía sus promesas. Esta cláusula era únicamente obra de los barones, ya que provenía directamente de los artículos de los mismos, y no había sido modificada por los secretarios reales, tal como lo fueron otros artículos. Los barones no confiaban en nadie, y se encargaron de escribir la cláusula 61 en detalle y en su totalidad para que no fuera manipulada. El artículo fue escrito en prosa continua en un largo párrafo.

La cláusula 61 comienza de esta manera: "Esta es la *forma securitatis* [fórmula, o términos de seguridad] para la preservación de la paz y las libertades entre el rey y el reino".[11] Como se mencionó en el capítulo anterior, esta cláusula establece el consejo, o panel, de veinticinco barones, elegidos por la baronía. El consejo tenía unos poderes de gran alcance que debían utilizarse para "... observar, mantener y hacer observar la paz y las libertades que hemos concedido".[12] Si los artículos de la Gran Carta no eran respetados por el rey o sus oficiales, los cuatro barones del consejo debían ser informados. Estos cuatro tenían el poder de llevar a cabo su propia investigación, que confirmaría una posible violación de la Carta. Si la violación no era enmendada dentro de los cuarenta días de su comisión, los cuatro barones estarían obligados a notificar al consejo de veinticinco. El consejo debía entonces castigar al rey hasta que, en su propio juicio, el monarca la enmendara. La *forma securitatis* prometía a los barones un gran poder, que debía ser usado para limitar al rey. Nada estaba fuera de los límites de los barones excepto el herir al rey, a la reina y a sus hijos.

Cada ciudadano debía obedecer y ayudar a los veinticinco en sus juicios y actuaciones. Algunos barones tenían el poder incluso de actuar en nombre de todo el consejo, ya que asumían papel de revocar a los barones ausentes o disidentes. Los veinticinco estaban destinados a constituir la seguridad pública. Eran un comité permanente auto-reclutado, que posiblemente tuviera la intención de convertirse en una oligarquía aristocrática si se les daba el tiempo suficiente. Si se les permitía, convertirían a Inglaterra en algo parecido a la República de Venecia, donde el rey era solo una marioneta para sus aristocráticos gobernantes. Sin embargo, los veinticinco nunca vivieron lo suficiente como entidad política para alcanzar sus objetivos. Aun así, tenían un papel urgente que desempeñar.

Tan pronto como la Carta Magna fue ratificada, el consejo de barones se encargó de corregir todos los errores del rey. Tenía entre

---

[11] Traducción de la Carta Magna, cláusula 61. (s.f.). Extraído de https://www.archives.gov/exhibits/featured-documents/magna-Carta/translation.html

[12] Traducción de la Carta Magna, cláusula 61. (s.f.). Extraído de https://www.archives.gov/exhibits/featured-documents/magna-Carta/translation.html

sus filas a muchos de los barones que había sido víctima del gobierno del rey Juan. Debían juzgar cada caso por separado y exigir una compensación. Además, tenían el derecho de determinar el alcance de la compensación que el rey debía pagar, ya fuera con dinero, tierras y castillos u otras posesiones. Los veinticinco llegaron a utilizar su nuevo poder para humillar a Juan, su antiguo opresor. La cláusula 61, la famosa *forma securitatis*, establece claramente que los cuatro que debían representar e investigar el caso debían "acudir a nosotros", lo que significa que tenían que acudir al rey para exponer su caso. Sin embargo, los barones consideraban esta tarea por debajo de su dignidad, así que exigieron que el rey fuera a ellos. De hecho, cuando el rey Juan estuvo enfermo de gota y en cama, se negaron a acudir a sus aposentos o incluso a excusar la presencia del rey. El monarca tuvo que ser llevado en camilla a presencia de los veinticinco, quienes procedieron a juzgarlo. Los barones estaban mostrando su poder intencionadamente. Era una jugada calculada, ya que el rey Juan tenía que cumplir. Tenía prisa por concluir los procesos, y cincuenta de las disputas se resolvieron en los diez días siguientes. Durante este tiempo, doce de los veinticinco miembros del panel fueron enormemente beneficiados de las controversias resueltas. Por ejemplo, Richard de Clare recibió Buckingham, Robert Fitzwalter recibió el castillo de Hertford y Henry de Bohun entró en posesión de las mansiones distinguidas de Trowbridge. Sin embargo, el rey Juan no se mostró de acuerdo sin más con los términos que los barones le ponían delante. Protestó en alguna ocasión sin desear ceder. Pero los barones lo presionaron tanto que, al final del día, simplemente tuvo que hacerlo.

John se encontraba extremadamente débil después de los eventos de Runnymede. Carecía del respeto de sus súbditos y mantenía poco o ningún poder. Además de ello, había perdido su capital, Londres. Los barones se negaron sencillamente a devolver la ciudad de Londres al rey, aunque habían prometido la reunión de Runnymede que lo harían si el monarca cumplía con ciertas obligaciones. La Carta Magna en sí misma no trataba el tema de Londres. Existe un documento separado que registra el acuerdo entre el rey y los barones sobre cómo afrontar el asunto de la ciudad. El documento se titulaba "Convenio", y establecía que, si el rey cumplía con determinadas condiciones, Londres le sería devuelta el 15 de agosto de 1215. Hasta entonces, estaba bajo la custodia de Robert Fitzwalter y el panel de veinticinco barones. Si el rey no cumplía con su parte del trato, la ciudad permanecería bajo la custodia de los barones. Este acuerdo fue escrito dos veces, y cada parte recibió su propia copia. Solo la encontrada en posesión del rey sobrevivió y se mantiene en los Archivos Nacionales. Lo que llama realmente la atención de este documento es que trata a Londres como una propiedad privada, e igualmente trata al rey como a una persona particular en lugar de como el soberano de una nación.

Los términos de este documento, clasificado como "contrato" se redactaron con mucha claridad. Unas comisiones locales de doce caballeros debían investigar a los sheriffs locales y a otros funcionarios reales, y buscar pruebas de violaciones de la ley forestal. La obligación del rey era atender todas las reclamaciones contra él y restaurar todos los derechos y propiedades de los individuos perjudicados. El contrato daba solo un plazo de dos meses para que lograr este trabajo. Juan no tenía otra opción que cumplir. Después de todo, haciendo lo que se le decía, solo podía recuperar la confianza del pueblo inglés, que incluso podría darle su apoyo una vez más. Tras el levantamiento y la pequeña guerra civil sucedida antes de Runnymede, la población de Inglaterra se había mantenido neutral. Los leales al rey eran una minoría, pero los seguidores de los barones rebeldes también eran pocos.

La lucha política para ganar el favor de una población grande y neutral había comenzado. Mientras Juan comenzaba a cumplir su parte de la promesa, los barones organizaron torneos y celebraciones para entretener a su ejército y ganarse aún más seguidores. Sin embargo, Juan hizo solo la mitad de lo que se suponía que debía hacer y comenzó a decir que no haría nada más a menos que los barones le dieran algo a cambio. Se quejó de que era el único que trabajaba activamente en la paz mientras los barones no hacían nada. Les pidió que redactaran Cartas que confirmaran su lealtad, pero los nobles se negaron a hacerlo. Su negativa era exactamente lo que el rey esperaba, ya que le daría una ventaja política. Entonces tenía la posibilidad de crear la imagen de un rey benevolente que hacía todo lo posible para mantener la paz, mientras los barones se negaban a cumplir su parte del trato.

La siguiente reunión entre el rey Juan y los barones fue programada en Oxford el 15 de agosto, un día después de la expiración del plazo dado por el contrato de Londres. El rey no se presentó en persona. En su lugar, envió una delegación para transmitir su mensaje. Se les instruyó para decir que el rey había renunciado a muchas cosas, como se había acordado, pero que no había recibido nada a cambio. El monarca continuó acusando a los barones de causarle daño personal. Incluso llegó a proclamar que temía por su propia vida, ya que los barones habían reunido un gran ejército. Suficientemente listo, no pidió la ruptura del trato con Runnymede. Simplemente se quejó de que el acuerdo alcanzado hacía dos meses no seguiría adelante tal como estaba previsto.

Como respuesta, los barones acordaron mantener otra reunión con el rey a finales de agosto. Sin embargo, esa cita nunca tuvo lugar, ya que fue justo entonces cuando los barones se enteraron de que el rey Juan ya había pedido a Roma que anulara la Carta Magna. De hecho, había enviado Cartas al papa Inocencio III en mayo, en la víspera de la reunión de Runnymede, quejándose del comportamiento de los barones. El 22 de junio, envió otra misiva que pedía a Inocencio III que anulara la Gran Carta. Pero en la época medieval, las Cartas tardaban meses en llegar a su destino, especialmente cuando viajaban hasta Roma. El papa no recibió noticias de Inglaterra hasta noviembre de 1215, y fue completamente ajeno a los eventos del verano entre Juan y los barones.

A principios de ese año, Inocencio III había enviado tres Cartas a todas las partes involucradas en la disputa inglesa: El rey Juan, los barones y Langton, quien, como recordarán, actuó como mediador y se suponía que resolvería el conflicto. Sus Cartas fueron escritas en forma de un soberano dirigiéndose a sus súbditos. Naturalmente, esperaba que Langton hiciera exactamente lo que se le dijo, y se esperaba que los barones obedecieran. Bajo la amenaza de la excomunión, se ordenó a los barones que detuvieran cualquier traición violenta a Juan y que honraran al rey con todos los honores reales que su título conllevaba. Cuando el papa recibió la noticia de Juan de que los barones no habían escuchado sus instrucciones, se puso furioso. Los barones habían desafiado abiertamente al papa, y Langton no había procedido a excomulgarlos. El papa se sintió obligado a darles una lección de obediencia.

Como respuesta, Inocencio III emitió un edicto papal titulado "*Mirari cogimur et moveri*" (Estamos obligados a maravillarnos y conmovernos). En esta bula (una especie de decreto público), el papa proclamaba al rey Juan como inocente y buen cristiano obediente a la Iglesia. Además, mencionaba el fracaso de Langton en proteger al rey y lo acusó de conspirar con los barones rebeldes. El papa acusó igualmente a los barones, a los que llamó "peores que sarracenos"[13], de tratar de deshacerse de Juan y -por sus acciones- de impedir que Juan se uniera a la guerra santa. El papa Inocencio III aprovechó esta oportunidad para excomulgar a los barones así como a sus cómplices. Ordenó a los obispos y arzobispos que proclamaran la sentencia de excomunión en toda Inglaterra. Incluso los amenazó con suspenderlos si decidían desobedecer.

Langton quedó atónito con la Carta del papa. Se veía a sí mismo únicamente como el mediador que había tratado de resolver la disputa entre el rey y los barones. Sin embargo, el papa le había instruido para que abandonara su neutralidad y el papel de mediador. Debía ponerse abiertamente del lado del rey en la disputa. Langton no tenía elección, y procedió a obedecer las órdenes del papa. En la conferencia de Staines, en agosto, Langton excomulgó a todos los que

---

[13] *Selected Letters of Pope Innocent III concerning England (1198-1216)*, ed. C.R. Cheney and W. H. Semple (Londres, 1953) 196-7 no.75, del dorso del Rollo de Patentes (*Mirari cogimur et moveri*, 19 de marzo, 1215).

perturbaban la paz en el reino, utilizando una ambigua ceremonia. No estaba preparado para ponerse del lado del rey, y no quería renunciar a su neutralidad. Tampoco quería excomulgar a cada barón identificándolo personalmente. En su lugar, la tarea recayó en tres comisionados que el papa tenía preparados para el caso de que Langton no hiciera lo que se le había ordenado. Estos eran el obispo de Winchester Peter des Roches, el legado papal Pandulf, y el abad de Reading. El 5 de septiembre, los tres publicaron una Carta identificando el nombre de cada barón y la acción por la que estaba siendo excomulgado. También sometieron a Londres a un interdicto dado que la ciudad había apoyado abiertamente a los barones durante la guerra civil. Algunos de los colaboradores clericales de los barones castigados fueron igualmente excomulgados, como el obispo de Hereford y el archidiácono de Hereford.

Langton había permanecido en el centro político de la vida inglesa desde que fue nombrado arzobispo de Canterbury, y la crisis de la Carta Magna enfatizó su papel político. Sin embargo, su fracaso en la obediencia de las órdenes del papa marcó el final inmediato de su carrera política. Su negativa a señalar a los barones excomulgados llevó a su suspensión, tal como el papa había prometido que sucedería a todos los que desobedecieran.

En septiembre, el obispo de Winchester impuso su pena a Langton, quien apeló a Roma en vano. El papa únicamente confirmó su cese, decidiendo que Langton debía terminar su carrera política y religiosa con una humillación. Langton tuvo que dejar Inglaterra, y al tiempo que se producía su partida, llegó otra Carta del papa Inocencio. En esta misiva, el papa denunciaba la Carta Magna, declarándola deshonrosa y vergonzosa. Ordenó a Juan que rompiera su juramento a la Carta Magna y la proclamara anulada e inválida. La Carta Magna estaba muerta, y no había nada a causa de su corta vida. Lo que siguió a continuación fue una guerra civil conocida como la primera guerra de los barones.

Capítulo 5 – La Guerra

La Carta Magna fue un ambicioso documento de paz, pero también un gran fracaso. La Gran Carta fracasó en obligar al rey a cumplir sus promesas, y falló en reconciliar a Juan con los norteños. El papa Inocencio III anuló el documento a los pocos meses de su declaración, un acto que trajo de vuelta la guerra civil y los tiempos de anarquía. Con el tiempo, la Carta Magna se convertiría en uno de los documentos más venerados de la historia inglesa, pero 1215 no sería el año en que eso ocurriera.

Se desconoce si el rey Juan tuvo alguna vez la intención de atenerse a los términos presentados en la Carta Magna. Posiblemente en el mes de julio, había abandonado tal idea, ya que escribió al papa Inocencio III solicitando la anulación del documento. En su misiva, afirmaba que los términos de la Carta Magna le habían sido extraídos con amenazas de violencia y, como tal, no eran vinculantes. El papa se encontraba gustoso estando de acuerdo, y en septiembre de 1215, envió Cartas a Inglaterra en las que expresaba su enfado porque Juan, un vasallo papal, estaba siendo tratado de esa forma por sus súbditos. Como superior de Juan, tenía todo el derecho de liberar al rey de las obligaciones que la Carta Magna le imponía.

La traducción inglesa de la Carta del papa Inocencio III fue impresa en *Documentos Históricos Ingleses*, y dice lo siguiente:

"Aunque nuestro bienamado hijo en Cristo, Juan ilustre rey de los ingleses, ofendió gravemente a Dios y a la Iglesia... el rey finalmente recuperó la razón... Pero el enemigo de la raza humana [Satanás] que siempre odia las buenas acciones, con sus astutas artimañas, incitó contra él a los barones de Inglaterra de forma que, con una perversa inconstancia, los hombres que le apoyaban para dañar a la Iglesia se rebelaran contra él cuando se apartó de su pecado..." El papa adoptó un tono firme desde el principio de sus Cartas. Inocencio III acusó a los barones de ser irracionales, traicioneros y agresivos. Acusó a toda la nación inglesa de acciones vergonzosas que frustraban los planes de la Iglesia en Tierra Santa. El papa terminaba su Carta diciendo: "Rechazamos y condenamos totalmente este acuerdo y bajo amenaza de excomunión ordenamos que el rey no se atreva a observarlo y que los barones y sus asociados no requieran que se observe".[14] Con estas palabras, el papa Inocencio III anuló la Carta Magna, excomulgó a nueve barones y a todos los ciudadanos de Londres a los que culpó abiertamente de la coacción que el rey Juan había tenido que soportar.

El resultado de la anulación de la Carta Magna fue la reanudación de la guerra civil. Estaba claro para los barones que el rey Juan no iba a ser reformado o controlado de ninguna forma y el comportamiento del monarca había resultado bastante contrario a los deseos de los barones. Para el 17 de septiembre, Juan retornó a su hábito de tomar las propiedades baroniales por la fuerza. No era de extrañar que sus oponentes comenzaran a resistirse a su gobierno una vez más. Ignoraron a los oficiales reales e incluso llegaron a ser sustituidos por hombres de los propios barones. Se negaron a pagar el dinero que le debían a la corona. La acción más drástica emprendida por la oposición a Juan fue avance de los planes para reemplazar al rey. Juan amenazó al arzobispo Langton, que se había negado a renunciar a su castillo de Rochester. La discusión terminó con el asedio del castillo, que tenía una posición estratégica vital. Al mismo tiempo, este cerco

---

[14] *English Historical Documents*, Vol. III, op.cit., pag.324-6

fue también el primer conflicto armado que inició la primera guerra de los barones.

El castillo de Rochester se encuentra en la calzada romana conocida como Watling Street. Esta carretera fue un salvavidas para Gran Bretaña. Los ejércitos la utilizaban para transportar fácilmente hombres, mercenarios, armas y suministros desde los territorios continentales a Dover, y luego los movían por toda Inglaterra. El castillo de Rochester fue concedido a los arzobispos de Canterbury por Enrique I. Así es como, finalmente, llegó a manos de Langton. Juan llegó a un acuerdo con el arzobispo para que el castillo fuera devuelto a la casa real una vez que la Carta Magna fuera firmada, pero Langton se negó a renunciar al castillo, tratando de permanecer neutral en el conflicto hasta el final. A finales de septiembre de 1215, cuando Langton ya había dejado Inglaterra, el castillo fue finalmente entregado a los barones.

Juan ocupó el castillo el 13 de octubre como respuesta a los barones que decidieron apostar una guarnición en Rochester. El ejército de Juan era más grande, y los barones nunca acudieron a ayudar en la defensa de su castillo. Los defensores del castillo de Rochester se las arreglaron para resistir durante cinco semanas antes de que verse obligados a rendirse debido al agotamiento de las provisiones.

Los barones fueron lo suficientemente audaces como para escribir Cartas a Luis el León, un príncipe francés e hijo de Felipe Augusto. Lo invitaron a unirse a su causa, invadir Inglaterra y tomar la corona para sí mismo. Los barones del norte invitaron a Alejandro II de Escocia a invadir Northumbria, Westmorland y Cumberland. En Gales, Llywelyn ap Iorwerth (Llywelyn el Grande) se proclamó a sí mismo como príncipe y capturó todos los castillos ingleses en su territorio. En diciembre, un grupo de caballeros franceses llegó a Londres. Juan tuvo que dividir su atención para hacer frente los posibles ataques de tres príncipes extranjeros, así como los de sus súbditos.

Juan comenzó a sentir finalmente la presión que los barones ejercían sobre Inglaterra, y su poder comenzó a debilitarse. Decidió que el norte era lo que causaba más problemas, y fue a ocuparse de la situación en las tierras fronterizas. El pueblo de Berwick fue el primero en caer en manos de Juan en los primeros días de 1216. Para demostrar su poder, el rey decidió quemar el pueblo, esperando que ello fuera suficiente para asustar a sus enemigos. Toda su campaña en el norte había sido diseñada para intimidar y llevar el terror a sus súbditos. Quería asegurarse de que se dieran cuenta de que seguía siendo un rey y que tenía todo el poder sobre ellos. Continuó destruyendo y quemando aldeas y granjas. Permitió a sus soldados, que en su mayoría eran mercenarios, violar, asesinar y robar. Juan obligó igualmente a los hombres a pagar dinero por su libertad y la de sus familias, ya que necesitaba dinero constantemente para financiar su ejército.

La campaña contra los escoceses en el norte fue un éxito, y el rey Juan se dirigió ahora hacia el sureste. Trató brutalmente a Lincoln y Fotheringay en su camino a East Anglia y Essex antes de girar al oeste hacia Oxford. Hizo que los rebeldes derrotados juraran renunciar a la Carta Magna. La gente temía a su ejército, la resistencia comenzó a debilitarse, y algunos barones decidieron entregar sus castillos sin resistirse a Juan solo con ver a sus tropas. En marzo de 1216, los barones empezaron a considerar la paz con Juan y posiblemente hubiesen cedido si un rumor sobre Luis preparándose para zarpar hacia Inglaterra no hubiera comenzado a circular en abril. Incluso Juan comenzó a prepararse para una invasión francesa, fortificando la costa alrededor de Kent y enviando su flota a través del Canal. La tarea de la flota era la de bloquear a Luis en el puerto y evitar que siquiera se hiciera a la mar. Sin embargo, no tuvo éxito, y el príncipe francés desembarcó en Inglaterra a finales de mayo. Al ver las velas francesas, Juan decidió retirarse a Winchester. Luis condujo a su ejército atravesando Kent hacia Londres, donde fue recibido con inmensa alegría el 2 de junio. Allí prometió restaurar la totalidad de las viejas leyes inglesas y gobernar como un rey justo, mientras que

Fitzwalter y el alcalde William Handel dirigieron a los rebeldes y a los ciudadanos de Londres para rendirle homenaje y admitirlo como su soberano. Solo cuatro días después, Luis se encargaría de perseguir a Juan.

El príncipe francés demostró ser digno de su apodo "Luis el León" a causa no solo de sus éxitos militares sino también por sus proezas políticas. No solo trajo a su ejército de Francia. Vino con una propaganda cuidadosamente preparada, posiblemente autoría de Simon Langton, hermano de Stephen Langton y canciller de Luis. Es bien sabido que Simon se había unido a Luis en su invasión a Inglaterra, ayudándole a reclamar el trono. Demandó un derecho por herencia al reino de Inglaterra debido a que su esposa era Blanche, hija de la reina Eleanor de Castilla, la hermana de Ricardo Corazón de León. También reclamó que Juan había perdido su derecho al trono cuando traicionó a su hermano Ricardo mientras luchaba en la guerra.

La segunda parte de la propaganda de Luis afirmaba que él había sido elegido para ser rey de Inglaterra. Aquí, Luis invocaba la Carta, según la cual la lealtad al rey no era otorgada mediante ley; se trataba de un contrato entre el pueblo y el rey, un acuerdo que el rey Juan había roto por primera vez al entregar Inglaterra al papa Inocencio III sin el consentimiento de los barones. La segunda vez que Juan había quebrantado este contrato fue cuando se negó a cumplir con la Carta Magna volviendo a su mal gobierno. Luis declaró que, dadas las circunstancias, los barones no tenían otra opción que ofrecerle a él la corona.

Curiosamente, Luis nunca hizo la promesa de devolver la Carta Magna, tan solo las viejas leyes de Inglaterra, y a los barones no parecía importarles. Continuaron dándole todo su apoyo. Esto podría significar que a los barones no les preocupaba la Carta Magna en sí misma y que Juan e Inocencio III tenían algo de razón al denunciarla. Lo que más importaba a los barones era su poder, y no les interesaba cómo lo obtuvieran, ya fuera mediante la Carta Magna o a través de un rey títere, como Luis parecía confirmar. También pudo haber sucedido que los barones, especialmente Fitzwalter y su primo de Quincy, estuvieran tan desesperados por deshacerse de Juan, que sencillamente no se molestaron en hablar de los términos al invitar al príncipe francés a tomar la corona inglesa.

Los barones que antes habían sido leales a Juan comenzaron a desertar. Incluso el nuevo legado papal, Guala Bicchieri, fue incapaz de consolidar su causa. Entre los barones desertores estaba el medio hermano de Juan, William Longspée, conde de Salisbury. El ejército de Juan estaba debilitado, y Luis se las arregló para expulsarlo del sudeste de Inglaterra. Alentados por los acontecimientos en Inglaterra, los escoceses atacaron las fronteras una vez más y sitiaron algunos de los castillos del norte. La anarquía se apoderó del país mientras continuaba la batalla entre los dos reyes, Luis de Francia y Juan de Inglaterra.

El rey Juan se vio impotente y decidió retirarse a su residencia favorita, el castillo de Corfe, mientras Luis avanzaba por Inglaterra sin ser molestado. El príncipe francés asedió Winchester, un castillo que solo pudo ser defendido durante diez días. Enviaron un mensaje a Juan acerca de su incapacidad para resistir el asedio, y el monarca les permitió rendirse. Winchester era considerada la segunda capital de Inglaterra, y era vergonzoso rendirse sin luchar. Siguió una segunda ola de deserciones. Decepcionados por la cobardía del rey Juan, algunos de sus leales lo abandonaron, uniendo fuerzas con Luis. Más de dos tercios de los barones fieles abandonaron al rey y eligieron unirse a los rebeldes o permanecer neutrales y evitar el conflicto. Los barones no fueron los únicos que cambiaron de bando. Dos tercios de los caballeros de Juan se marcharon, así como los administradores reales y algunos de sus familiares.

Ahora Luis poseía la mayor parte del país, mientras que al rey Juan le quedaban solo tres castillos para ofrecer resistencia al invasor francés: Dover, Lincoln y Windsor. Pronto, incluso estas tres fortalezas se vieron bajo asedio. Fue entonces cuando Juan decidió oponer resistencia. Marchó al noreste hacia su guarnición en Lincoln, donde esperaba encontrarse con Alejandro de Escocia y castigarlo por otorgar su lealtad a Luis. Sin embargo, Alejandro no se encontraba allí, y el rey tuvo que satisfacerse quemando y saqueando Cambridgeshire para castigar a East Anglia por apoyar a los barones rebeldes.

Parecía que la guerra iba a ser larga y despiadada, ya que Juan esperaba la ayuda de su aliado el papa. Sin embargo, en octubre de 1216, moriría el papa Inocencio III. Este evento influyó profundamente en la guerra de Inglaterra. Juan perdió la ilusión cuando repentinamente su protector y aliado quedó fuera de juego. Ya no podía confiar en la ayuda de Roma. Además, recibió la noticia de que el castillo de Dover, su principal bastión en la batalla contra los franceses, no podría soportar el asedio durante mucho más tiempo.

Mientras permanecía en Norfolk, Juan cayó enfermo de disentería. Sin embargo, la enfermedad no le impidió empujar a su ejército hacia adelante. El 12 de octubre, instó a sus tropas a cruzar el río Wellstream sin pensar en las condiciones del territorio. Las corrientes no estaba lo suficientemente lejos, y gran parte de las raciones de su ejército, caballos y algunos de sus hombres fueron tragados por las arenas movedizas. Entre lo desaparecido hubo tesoros reales, como las insignias de coronación de Juan, objetos perdidos para siempre en la historia, que no se volverían a ver nunca más.

Juan escapó a salvo de las arenas movedizas, pero se encontraba enfermo y furioso. Su enfermedad se trató con melocotones maduros y sidra joven, algo que según los estándares de la medicina actual, solo podía empeorar sus síntomas. Empujó a su corte a continuar viajando, pero estaba tan agonizante que tuvo que ser llevado. La procesión llegó a Newark, donde Juan moriría el 18 de octubre. Antes de hacerlo, fue persuadido para perdonar a sus enemigos. Juan mantuvo los suficientes leales a su lado para cumplir su último deseo de ser enterrado en Worcester, junto al santuario de Saint Wulfstan.

Capítulo 6 – El Regente y el Final de la Guerra de los Primeros Barones

Cuando el rey Juan murió, su hijo y heredero tenía solo nueve años. Para ayudarle a ascender al trono en un país devastado por la guerra, Juan había nombrado un consejo de trece albaceas cuya tarea era guiar al rey Enrique III en su gobierno y ayudarle a recuperar su reino. El ascenso al trono de un menor en el mundo medieval era a menudo desastroso, ya que un niño era un blanco fácil para los oponentes políticos al régimen actual. La edad no era el único problema que Enrique III tuvo que afrontar al principio de su reinado. Más de la mitad de Inglaterra se encontraba sometida a un gobierno extranjero, que contaba con el apoyo de la mayoría de la aristocracia. En tales circunstancias, es sorprendente que Enrique III desafiara todas las expectativas y lograra no solo reclamar el trono sino también prosperar como gobernante. El acceso de Enrique salvó la Casa de Anjou, el reino y a la Gran Carta. Pero no era el niño-rey quien tenía la obligación de estar agradecido por ello. En gran medida, Enrique III debía todo lo que era y todo lo que poseía al conde de Pembroke, William Marshal, nombrado por el propio Juan para ser el guardián de Enrique.

William Marshal, uno de los caballeros más famosos de Inglaterra, tenía setenta años cuando asumió el papel de cuidador del joven Enrique III. Marshal era el hijo menor de un noble menor; por tanto, no tenía tierras ni fortuna y tuvo que luchar por encontrar su camino en la vida. Comenzó a entrenarse como caballero en Normandía, en la corte de su primo, Guillermo de Tancarville. Contrariamente a la creencia popular, estudiar para ser caballero implicaba aprender historia bíblica, latín y acerca de la política de las cortes. Guillermo fue nombrado caballero en 1166 durante la campaña de Normandía, que fue invadida por Flandes. Al año siguiente, participó en un torneo por primera vez, y allí encontró su verdadera vocación. William Marshal era alto, guapo y fuerte, y como tal, se convirtió fácilmente en una estrella de los torneos. Sus habilidades marciales con la lanza y la espada le dieron fama internacional, dinero y más tarde en la vida, una esposa muy rica. También le abrieron las puertas de la corte angevina. Formó parte de la escolta de la reina Eleanor cuando esta sufrió una emboscada. Aunque la reina logró escapar, el joven William fue capturado y tomado como prisionero. Al enterarse de su valentía, la reina Eleanor pagó su rescate y una vez más lo empleó a su servicio, desde donde más tarde fue transferido para servir como tutor de combate del joven Enrique III. Juntos, el joven rey y el mariscal viajaron por Europa participando en varios torneos. Aunque posteriormente William sería acusado de tener una aventura con la esposa del rey, la amistad entre los dos se mantuvo fuerte, y Enrique preguntaba por William en su lecho de muerte. Tras el fallecimiento del joven rey, William Marshal se unió a la Cruzada y viajó a Jerusalén, pero no se conoce nada sobre sus acciones de allí.

William tenía cuarenta y tres años cuando se casó con la hija de diecisiete de Richard de Clare, Conde de Pembroke. De repente Marshal había adquirido derechos sobre grandes propiedades en Inglaterra, más concretamente en Gales e Irlanda, así como en Normandía. Este matrimonio había transformado a Guillermo de un caballero sin tierra e hijo de un noble menor a uno de los hombres más ricos de Inglaterra que se convertiría en el Conde de Pembroke tras la muerte de su suegro. Durante el reinado de Ricardo, el hermano mayor de Juan, William, permaneció al servicio del rey y lo apoyó durante la guerra en Normandía contra Felipe II de Francia. Cuando Juan se convirtió en el rey en 1199, William le ofreció sus servicios demostrando su lealtad a la corona. Pese a que su relación con Juan se enfrió e incluso se enrareció hasta llegar a la hostilidad total en un momento dado, William Marshal permaneció leal al rey Juan durante su conflicto inicial con los barones. Durante la reunión en Runnymede en la que se firmó la Carta Magna, Marshal apoyó al rey, y se mantuvo fiel durante la primera guerra de los barones.

Su nombre se menciona a menudo como el principal negociador entre el rey y los barones. William aparece también como el primero de entre los nobles que aconsejaron al monarca sobre la Carta Magna en Runnymede, y posiblemente su lealtad a la corona fue demostrada con su mayor intensidad al asumir las responsabilidades del funeral del tan odiado rey Juan.

Curiosamente, Juan se convertiría en el primer rey inglés en dejar testamento. Este documento se hizo de prisa, y estaba compuesto únicamente por dieciséis líneas, ya que Juan era consciente de que no tenía el suficiente tiempo como para ocuparse de la totalidad de sus posesiones. El testamento se centra principalmente en la salvación del alma del rey. Las iglesias debían recibir donaciones como reparación de las heridas sufridas a manos del monarca. También recompensaba a sus fieles sirvientes y especificaba la distribución de limosnas entre los pobres. Adicionalmente el documento contenía instrucciones sobre cómo y dónde enterrarlo. El resto se dejó a cargo de sus administradores para ocuparse de ello como consideraran oportuno. Finalmente, el documento incluye los nombres de los trece consejeros que debería ayudar a su hijo a restaurar el reino. Destacaban dos prominentes hombres: El cardenal Guala Bicchieri nombrado como líder de los eclesiásticos cuyos nombres aparecían en la lista, y William Marshal, designado cabecilla de los nobles escogidos como consejeros.

William Marshal sería nombrado no solo como protector del niño-rey Enrique III sino también como regente de Inglaterra, o al menos eso es lo que la historia nos lleva a creer. La única fuente de esta información es un biógrafo del noble, que pudo no ser objetivo debido a la personal naturaleza del asunto. Aunque algunos historiadores se muestran ansiosos por discutir el hecho de que Marshal fuera nombrado regente, se trata de un evento plausible. Ya era uno de los hombres más ricos del reino y tenía gran influencia sobre la corte y en la política en general. Además, era el pilar del régimen de Juan. Para asegurar el éxito de la dinastía, ¿quién hubiera sido mejor elección que el caballero William Marshal?

Marshal apresuró la coronación de Enrique III, ya que el escenario político de Inglaterra se mostraba incierto. Esperaba afianzarlo con la ceremonia, así que solo diez días después de la muerte de Juan, el 28 de octubre, Enrique III fue coronado en Gloucester. Al día siguiente, se reunió el consejo de trece, en el que Marshal solicitaría ser excusado del papel de regente debido a su avanzada edad. La segunda opción para tal cargo era el conde Ranulf de Blondeville, quien puso objeciones a sus capacidades elogiando a Marshal como único candidato adecuado. El nuevo legado papal, Guala Bicchieri, prometió a William la absolución de todos sus pecados, y parece que este sería el acto que terminaría por convencer al viejo conde de Pembroke de aceptar la regencia.

Guala había sido enviado a Inglaterra como nuevo legado papal de Inocencio III, que murió tan solo unos meses después. Su papel era el de proteger los intereses de Juan y Roma en Inglaterra. Con el nuevo papa, Honorio III, y el nuevo rey de Inglaterra, Enrique III, la política entre los dos bandos no varió. El papa seguía siendo el señor de Inglaterra, y el joven rey debía rendirle pleitesía y reconocerlo como su superior. Guala fue un entusiasta ejecutor de tal política, y su primer acto como legado papal sería excomulgar al príncipe Luis y a sus socios quienes le habían ayudado en la invasión de Inglaterra. Con

William Marshal como regente, Guala se encontraba todavía más seguro de sus acciones, y llegó a convocar a una contra Luis, uniendo a la Iglesia y al estado en una causa común contra los franceses.

El 12 de noviembre de 1216, William Marshal junto al consejo de trece recomendó al joven rey Enrique III que reeditara la Carta Magna. Sin embargo, sería un documento modificado. Lo primero en sufrir tal transformación sería la Cláusula 61, la famosa *forma securitatis*. Al fin y al cabo, era la cláusula que iba en contra de todo lo que los lealistas y el papa representaban. En ella, la Gran Carta se describía como más importante que el juramento a un rey. Además, otorgaba un inmenso poder al panel de veinticinco barones, supuestamente portadores de la justicia, y cuyo objetivo era el de situar al rey en un papel idéntico al del dux veneciano.

Lo siguiente en transformarse fue la cláusula 48, que comisionaba a doce caballeros para indagar en la justicia forestal de Juan. El problema para el nuevo rey era que estos caballeros tenían la capacidad de transformarse en una entidad poderosa, tal como el panel de los veinticinco, pero a un nivel local. El poder que podrían obtener suponía una amenaza para la estabilidad de la corona. Las cláusulas que exigían al rey compensar inmediatamente por todo el mal gobierno durante el mandato de Juan tenían que ser eliminadas. Otras fueron señaladas como importantes, pero serían consideradas más tarde. El núcleo de la Gran Carta permaneció intacto. Los incidentes feudales debían ser resueltos de acuerdo con el documento, la administración de la justicia debía ser reformada, los pesos y medidas debían ser estandarizados, y el comercio debía tener garantizada su libertad. Lo esencial de la Carta Magna se convirtió en la nueva ley, con mejoras y aclaraciones en aquellos aspectos necesarios.

Como toda la parafernalia real de Juan se guardaban en Winchester, que aún estaba ocupada por los enemigos de la corona, Enrique III no tenía sellos con los que dar validez a la Gran Carta. En su lugar, fue Guala quien sellaría el documento como representante del papa, el superior del rey. Ello significaba que el propio papa aprobaba la Carta reeditada, aunque Roma la anulaba en su forma anterior. ¿Qué había cambiado tan significativamente como para que el papa aceptara de repente la Carta? No se trataba únicamente de su transformación para adaptarse mejor al rey. Igualmente se trataba de algo que convenía, ya que el propio Luis ni se había comprometido con la Carta Magna ni le había otorgado de nuevo validez. El pueblo también creía en la Carta revisada, y prueba de ello es el hecho de que William Marshal enviara copias a Irlanda, donde los veinticinco no tenían poder. Irlanda permaneció leal a Juan durante sus luchas contra los barones. La reeditada Carta Magna era una base adecuada para reconstruir el gobierno real una vez que se hubiera finalizado con Luis. También se esperaba que la nueva Carta apaciguara a los barones, que una vez más jurarían lealtad a la corona.

La recién transformada Carta Magna no logró traer de vuelta a los barones. No ofrecieron su apoyo a Enrique, como William Marshal esperaba que hicieran y la oposición del rey se endureció. Sin embargo, Luis no podía ser coronado oficialmente como rey, a pesar de que la abadía de Westminster estaba bajo su control. Enrique era el que tenía el apoyo del papa y de la Iglesia inglesa. A pesar de esto, William Marshal debió lidiar con varios meses de estancamiento político. Las campañas de guerra solían suspenderse durante el invierno, y esta no era diferente. En febrero de 1217, Luis partió de Inglaterra con la esperanza de traer refuerzos de Francia. Mientras él se encontraba fuera, los barones se guarnecieron de nuevo en Londres. Para pasar el tiempo mientras esperaban refuerzos franceses, los barones decidieron organizar un torneo. Sin embargo, el torneo tomó su propia voz, y los caballeros, barones y el ejército se embarcaron en un viaje a través de las tierras medias inglesas para intentar liberar el castillo de Mountsorrel en Leicestershire. Este castillo pertenecía nada menos que a Saer de Quincy, primer conde de Winchester y primo de Robert Fitzwalter y también estaba ocupado por los monárquicos mientras se celebraba torneo. Luis regresó a Inglaterra justo a tiempo para unirse al esfuerzo en Leicestershire, trayendo al ejército de Francia. En total, había alrededor de seiscientos caballeros y mil lacayos. Saer de Quincy dirigió personalmente el ejército inglés, al que se unió Fitzwalter, mientras que las tropas francesas se encontraban bajo el mando del conde de Perche.

Los monárquicos que ocupaban el castillo de Mountsorrel no eran rival para el ejército de rebeldes y el príncipe francés. Tuvieron que retirarse a Nottingham para evitar el derramamiento de sangre, y Mountsorrel fue liberado únicamente con el mero despliegue de fuerzas. Algo decepcionados por la falta de resistencia, los barones y soldados buscaron otra oportunidad, que se presentaría no mucho después. Cincuenta millas al noreste del castillo de Mountsorrel se encuentra Lincoln, con una fortaleza que había resistido a los rebeldes durante toda de la guerra de los barones. El castillo de Lincoln fue asediado durante mucho tiempo, y cuando los rebeldes se enteraron de que las fuerzas de los barones encontraban a muy corta distancia, pidieron ayuda. Fitzwalter y de Quincy se encontraban ansiosos por ayudar a sus compañeros rebeldes mientras Luis se quedaba en Londres. Sin embargo, Nottingham quedaba de camino a Lincoln. Para evitar a las fuerzas monárquicas allí estacionadas, los barones decidieron girar hacia el este y acortar su ruta a través de las agrícolas tierras del Valle de Belvoir, donde robaron y expoliaron a su paso. Tomando ese camina, las fuerzas baroniales se las arreglaron para acercarse a Lincoln sin oposición y sin pérdida alguna.

William Marshal se encontraba en Northampton cuando llegó la noticia de que el ejército de los barones se había unido a los sitiadores de Lincoln. Aprovechó la oportunidad de que las fuerzas de Louis hubieran quedado divididas e intentó destruirlas. Cabalgó durante cuatro días desde Northampton hasta Newark, pero en lugar de ir directamente a Lincoln, se desvió hacia el oeste, posicionándose para acercarse a la población por el noroeste. Si los rebeldes esperaban que los monárquicos de Lincoln recibieran alguna ayuda, suponían que vendría del suroeste. No solo tenía la ventaja de la sorpresa en el campo de batalla, además acceso a la entrada oeste del castillo, ya que aún no estaba controlado por los rebeldes. Estos no sabían de la existencia de la pequeña puerta oeste. Había sido descubierta por Peter de Roches, obispo de Winchester, cabalgando junto a William Marshal. Marshal aprovechó la oportunidad de esta sinuosa aproximación a Lincoln para llevar la noticia a los monárquicos de que la ayuda estaba en camino.

El ejército monárquico estaba acompañado por el legado Guala, dispuesto a excomulgar a las tropas francesas y absolver a los ingleses. Marshal se dirigió a sus tropas, prometiéndoles honor y levantando su ánimo. Estaba tan entusiasmado por ir a la batalla, según su biógrafo, que salió a cabalgar sin su casco siendo llamado de vuelta para ser armado correctamente. La valentía de Marshal destacó igualmente, ya que en ese momento contaba con más de setenta años. Utilizó su enorme envergadura y habilidades como jinete para empujarse al combate.

Los franceses y los barones tenían la ventaja en número, ya que contaban con el doble de caballeros. Sin embargo, quedaron sorprendidos por la determinación de los leales, así como por la presencia de William Marshal. Igualmente habían quedado atrapados entre los muros del castillo que asediaban y la catedral, situada tras ellos. La confusión y el pánico general se apoderaron de las fuerzas rebeldes. Una parte de las fuerzas de Luis con el conde Perche como comandante acompañaba a los barones. El conde murió a manos de William Marshal, y las tropas francesas decidieron retirarse tras la pérdida de su mando. Se agruparon finalmente e intentaron unirse a las fuerzas rebeldes, pero ahora se encontraban atrapados entre Marshal y el cuerpo principal del ejército monárquico. Más de cuatrocientos caballeros fueron tomados como prisioneros ese día. Entre ellos estaban los barones Fitzwalter y de Quincy.

Luis se vio obligado a negociar con los monárquicos, ya que solo él se había quedado en Londres salvándose de la agonía de la batalla de Lincoln. Guala deseaba castigar severamente al partidario eclesiástico de Luis, Simon Langton, mientras el rey intentaba protegerlo. Las negociaciones fracasaron y los franceses pidieron refuerzos. Fue Blanche de Castilla, nieta de Enrique II y esposa de Luis, quien se encargó de reunir la flota y enviarla a través del canal de la Mancha para ayudar a su marido. Sin embargo, William Marshal envió a Hubert de Burgh, justiciero de Enrique, quien interceptó la flota en la costa de Sandwich ejecutando a su capitán como a un pirata común. Luego tomó a los refuerzos franceses como prisioneros. Luis se vio obligado a aceptar los términos que le fueron ofrecidos durante las negociaciones. Renunció al trono e hizo juramento de nunca más ayudar a los rebeldes ingleses. Sin embargo, no abandonó Inglaterra con las manos vacías. Fue indemnizado con 10.000 marcos (casi 7.000 libras esterlinas) pagados en un año. También tuvo que prometer que convencería a su padre Felipe, rey de Francia, de que devolviera las tierras de Enrique en Francia. A su llegada a Francia, Luis se unió a la Cruzada albigense en el sur de Francia. Los barones tampoco fueron severamente castigados, y fue William Marshal quien se aseguró de que el castigo no fuera demasiado oneroso. Se les concedió la amnistía, así como se les liberó de pagar rescate alguno y sus tierras fueron restauradas. Solo el clero que apoyó la rebelión no recuperó sus tierras, considerándose castigo suficiente.

Posteriormente, cuando reflexionó sobre los acontecimientos acaecidos en la primera guerra de los barones, Enrique III acusó a Marshal de traicionarle al no castigar a los barones y no acabar con Luis. Pero estese aferró a sus principios. Luchó en la guerra como un guerrero de caballerosidad perfecta no como portador de la ideología monárquica. Los barones rebeldes ya estaban excomulgados, y Marshal no vio ninguna razón para proclamarlos como traidores. Algunos historiadores ven la resolución de Marshal de no castigar a los barones como una sabia decisión. Ayudó a curar las heridas que Inglaterra había padecido debido a la guerra civil. El poder de los veinticinco fue aniquilado, ya que Fitzwalter y Quincy fueron derrotados por el mejor caballero de Inglaterra, William Marshal. Pese a que los barones habían perdido su poder, las ideas centrales de la Carta Magna continuaron vivas mediante reedición de la Gran Carta en 1216.

Capítulo 7 – Enrique III y la Carta Magna

Pese a ganar la primera guerra de los barones, William Marshal tuvo que afrontar grandes problemas al tratar de restaurar la autoridad real en todo el país. Parte de su incapacidad recaía en el hecho de que los barones que permanecían leales a la corona pedían ahora tras la guerra civil una recompensa. Guillermo no podía entregarles tierras, tal como era costumbre, porque las había devuelto a los barones rebeldes. En consecuencia, los leales empezaron a mostrar menor interés en la política de la corona, si no a abandonarla abiertamente. Además, Guillermo trató de restaurar el derecho de la corona a aprobar matrimonios y tutelas, pero fracasó. Donde sí tuvo éxito fue en la restauración del tribunal real de jueces y poniendo de nuevo en marcha la hacienda real.

El gobierno de Enrique otorgó la Carta del Bosque en 1217, que desempeñaría un papel importante en la devolución de la administración de los bosques por parte de la corona. Para los normandos que habían gobernado Inglaterra desde Guillermo el Conquistador, el bosque era un área restringida en la que el rey (y en ocasiones otros aristócratas) mantenía el derecho exclusivo de cazar, cortar madera o utilizar los pastizales, brezales o humedales incluidos bajo el término común de "bosque". Los reyes Ricardo y Juan habían empezado a incluir más y más áreas de Inglaterra dentro del bosque real, expulsando a la gente que habitaba esas áreas o simplemente prohibiéndoles vivir de la tierra. Cuando alcanzó su mayor extensión, se llegó a asumir que un tercio de las tierras del sur de Inglaterra constituían bosque real. La gente común se vio obligada a abandonar o a morir de hambre, ya que no poseía el derecho a cultivar las tierras o a utilizarlas de forma alguna para su sostenimiento.

La Carta del Bosque fue publicada junto a la reeditada Carta Magna actuando como su Carta complementaria. Más tarde sería unida a la Carta Magna, pero en aquel momento se trataba de un documento separado que daba un cierto grado de libertad y protección a los usuarios de las zonas forestales, principalmente para el pastoreo de sus animales o el cultivo de sus alimentos. La primera cláusula de la Carta Forestal ofrecía protección a todos aquellos que usaban tierras forestales como pastos para sus animales y que ya eran habitantes de la zona. La novena cláusula permitía a todos aquellos que no vivían en las áreas del bosque llevar a pastar su ganado a cambio de dinero. La Carta Forestal permitió también a las personas que vivían en el área del bosque construir molinos, instalaciones para la conservación de peces, pozos de marga, zanjas o jardines. La única condición consistía en no dañar las tierras vecinas. La cláusula diez prohibía la pena de muerte y la mutilación como castigo para aquellos que cazaban en el bosque. Sin embargo, todavía tenían que pagar multas o enfrentarse a la cárcel.

En los tiempos de los Tudor, la Carta del Bosque fue utilizada principalmente para proteger la industria maderera y conservarla en manos reales. Algunas cláusulas de esta Carta fueron aplicadas hasta 1970 mediante tribunales especiales que se ocuparon de aquellos que violaban la ley. La Carta Forestal se trata el estatuto medieval mantenido desde más antiguo, ya que permaneció vigente desde 1217 hasta 1971. Finalmente, quedó reemplazada por la todavía activa Ley de Criaturas Salvajes y Leyes Forestales de 1971, que abolió el derecho real a disponer de los animales salvajes

William Marshal cayó enfermo en 1219 y pensaba que moriría. Para preparar la nueva regencia, convocó a los barones, a Enrique III, al legado papal Pandulf Verraccio, al juez real Hubert de Burgh, y a Peter des Roches, obispo de Winchester. Fue el obispo quien reclamaría el derecho de regencia, pero William lo rechazó nombrando al legado papal, Verraccio. No confiaba en ninguno de los aristócratas o clérigos convocados. William fue investido con la orden de los Caballeros Templarios mientras se encontraba en su lecho de muerte gracias a su servicio en la Cruzada. Murió el 14 de mayo de 1219, y fue enterrado en la Iglesia del Temple en el cuartel general de los Caballeros Templarios de Londres. Su tumba está abierta a los visitantes y todavía puede verse allí.

Pandulf Veraccio organizó un nuevo gobierno alrededor de tres ministros: él mismo, Peter de Roches, y Hubert de Burgh. Fueron nombrados en Oxford por un gran consejo de nobles. El nuevo gobierno tuvo poco éxito, ya que su autoridad principalmente dependía de este consejo de la nobleza. La mala suerte del gobierno de Enrique III finalizó en 1220 cuando el papa Honorio III permitió que Enrique fuera coronado por segunda vez. Este acto de renovada coronación tenía el propósito de fortalecer la autoridad real. Los barones, bajo amenaza de excomunión, realizaron un nuevo juramento a Enrique, prometiendo que pagarían sus deudas y devolverían los castillos reales.

Mientras tanto, Stephen Langton recibió la aprobación para regresar a Inglaterra en 1219. *English Historical Documents* Sin embargo, no fue hasta 1221 cuando recuperaría el título de arzobispo de Canterbury. Langton regresó a la escena política de Inglaterra y tomó su asiento en el triunvirato de consejeros custodios de un rey menor de edad. En 1223, dos años más tarde, el rey Enrique III sería proclamado finalmente con edad suficiente como para gobernar por su cuenta. En enero de 1224, en la abadía de Westminster, se celebró un consejo en el que Langton actuó como portavoz de los barones. Solicitaron la confirmación de la reedición de la Carta Magna, ya que esta había sido sellada por el legado papal y el difunto regente,

William Marshal. No estaban seguros de si el rey reconocería alguna vez la Carta Magna con sus sellos, e insistieron en recordárselo.

El consejero real William Brewer luchó vigorosamente contra la Carta Magna, reclamando que las libertades que los barones exigían habían sido extraídas por la fuerza y por tanto no eran válidas. Fue el rey Enrique III quien intervino para calmar la situación que una vez más amenazaba con dividir su reino. Juró que respetaría la Gran Carta, pero no le otorgaría mediante el sellado real una confirmación formal.

En Francia, Luis VIII ahora rey, tomó provecho del débil gobierno de Enrique mientras aún era considerado menor de edad tomando por la fuerza las restantes tierras inglesas del continente, a saber, las provincias de Poitou y Gascuña. Para recuperar sus territorios, Enrique necesitaba dinero, y el consejo real de Westminster aprobó un impuesto de 40.000 libras para el ejército. Los barones pusieron una condición a Enrique. Exigieron que reeditara la Carta Magna y la Carta del Bosque a cambio de su ayuda. El rey declaró que las leyes habían sido entregadas al pueblo en virtud de su libre albedrío y serían finalmente confirmados con su sello real el 11 de febrero de 1225. El contenido de la reedición de la Gran Carta era similar al de la versión de 1216, con algunas diferencias cruciales.

En otras palabras, ahora la Carta Magna daba la impresión de que su reedición había sido únicamente idea del rey. Ello suponía una gran diferencia con las Cartas de 1215 y 1216, que indicaban que habían sido aprobadas por el rey por recomendación de sus consejeros. En la versión de 1225, no se incluye lista alguna de consejeros o asesores que habían asistido con el documento. Solo figuran el nombre del rey y el de los testigos de la Carta. Entre los mencionados testigos se encuentran tres leales que habían aconsejado al rey Juan en Runnymede: el conde de Salisbury, el conde de Warenne, y Hubert de Burgh. Además, seis de los barones opuestos a Juan en la guerra civil figuraban en la Carta reeditada: Robert Fitzwalter, Gilbert de Clare, Hugh Bigod, Robert de Ros, Richard de Montfichet y William d'Aubigny. William Brewer, un consejero que se había opuesto a la Carta en 1223, aparecía ahora refrendando en apoyo de la versión reeditada.

Una nueva y última cláusula a la Carta Magna fue añadida como explicación de la reedición.

"Y por ello nuestra concesión y regalo de estas libertades... los arzobispos, obispos, abades, priores, condes, barones, caballeros, propietarios libres, y todo nuestro reino nos han otorgado una decimoquinta parte de todos sus bienes muebles".[15]

Tras la reedición de la Carta Magna, Stephen Langton amenazó con la excomunión a cualquiera que la violara. Dos años más tarde, Langton consiguió el permiso para que su exiliado hermano Simon regresara a Inglaterra. Teniendo a Simon (apasionado partidario del movimiento de los barones en 1215) para luchar a su lado, Stephen consiguió la confirmación formal de la Gran Carta por el papa Gregorio IX en enero de 1228. La admisión de la Carta por el papa fue muy importante para su continuidad, ya que todavía era el sumo pontífice y señor feudal de Inglaterra.

Langton murió en julio de 1228. Tenía ochenta años pero aún conservaba una mente muy clara antes de hacerlo. Un hombre sin el cual la Carta Magna nunca hubiera existido, Langton fue un gran erudito y un reformador de la Iglesia inglesa. La historia lo reconoce por muchos hechos, como la apertura del consejo en Osney, cuyos decretos de 1222 son conocidos como los primeros cánones provinciales. Pero fue sería su logro de unir a la Carta Magna y a la Iglesia lo que aún se considera su mayor hazaña.

Al tomar en sus manos el gobierno de su reino, Enrique III, se dio cuenta de que la relación de la Corona con los barones no estaba siendo recompuesta. Él y los barones se peleaban por los mismos problemas existentes durante el reinado de su padre. Enrique mostró el mismo y poco realista deseo de recuperar en Francia las tierras de su dinastía poseídas por su progenitor. Favorecía a los extranjeros que

---

[15] Traducción de la Carta Magna, cláusula final. (s.f.). Extraído de https://www.archives.gov/exhibits/featured-documents/magna-Carta/translation.html

residían en su corte, y muchos nobles oriundos no se sentían deseados creyendo encontrarse desprotegidos por la ley. El papel de los barones en el gobierno comenzó a mermar en comparación con su papel durante la minoría de edad de Enrique. Además, este tenía el hábito de evitar las oficinas estatales dirigidas por los nobles locales, y cuyo papel era el de limitar el control del monarca sobre el reino. Se apoyaba en la oficina de su casa, entidad que administraba la misma. Aunque continuó convocando al consejo real y al Parlamento durante la década de 1230, prefería el consejo de sus amigos íntimos de la corte.

Durante los años centrales de su reinado, Enrique III se enfrentaría a otra rebelión de barones, que parecía ser una continuación de la guerra civil contra la que su padre había luchado. Los barones querían revivir el panel de los veinticinco u organizar un comité similar que tuviera un control directo sobre el rey. Estaban inspirados por la propia Carta Magna, y aunque fracasaron en la defensa de las libertades que la Gran Carta les otorgaba, consiguieron atraer la atención de la opinión pública.

Cuando Enrique III alcanzó la mayoría de edad y empezó a gobernar Inglaterra por su cuenta, su personalidad cambió. A menudo se le describió como demasiado piadoso, perezoso y excesivamente confiado en su casa. Sus puntos de vista eran conformados a menudo por sus consejeros, y era considerado en general como un gobernante ingenuo. Era incapaz de imponer su juicio propio sobre las propuestas ofrecidas por sus amigos más cercanos y modeló su gobierno a imagen del rey Eduardo el Confesor, que había sido proclamado santo, pero apenas se comprometió con el gobierno de su propio país. Enrique comparó su autoridad sobre Inglaterra con la autoridad del papa sobre la Iglesia, confiando demasiado en puntos de vista religiosos y en las sacramentales características de los reyes.

Enrique III entró en conflicto con su justiciar, Hubert de Burgh, cuya oficina en Westminster luchó por el control del gobierno. En 1232, Enrique sacó a Hubert de su oficina haciéndolo arrestar y confiscando sus tierras. Peter des Roches, obispo de Winchester que era un apasionado defensor de la autoritaria administración del gobierno de Juan, se convirtió en el consejero favorito del rey. Fue des Roches quien instó a Enrique a recuperar las tierras perdidas de su dinastía en Francia, pero los esfuerzos en Poitou fracasaron (1230-1242). Aunque recuperó Gascuña, Enrique perdió otros territorios en el extranjero que se encontraban hasta entonces bajo dominio inglés.

Enrique III había llevado a Inglaterra mercenarios extranjeros y que no fueron devueltos a sus hogares. Continuó pagándoles, y dio tierras y castillos a nobles extranjeros quienes pudieron disfrutar de privilegios en su corte. Para conceder las tierras a los magnates foráneos, Enrique tuvo que quitárselas primero a los nobles nacionales, que también eran los oponentes políticos de des Roches, socavando al hacerlo las bases de las leyes sobre la propiedad de la tierra. Este comportamiento sería el responsable del inicio de una gran crisis en 1232. Tal conflicto provocaría eventualmente otra ratificación de la Carta Magna.

El primero en quejarse acerca de las nuevas políticas del rey fue Richard Marshal, hijo de William Marshal y tercer conde de Pembroke. Una nueva guerra civil estalló con Peter des Roches de un lado y Richard Marshal y sus seguidores en el otro. Durante esta revuelta, Enrique III fue incapaz de conseguir la ventaja militar sobre los unidos rebeldes, y comenzó a temer que Luis de Francia volviera a Inglaterra y aprovechara los disturbios del país apoderándose de más territorios para Francia. El arzobispo de Canterbury convocó varios grandes consejos durante 1234, en los que trató de persuadir a Enrique para que destituyera a des Roches. Finalmente, des Roches cayó en desgracia, y Enrique aceptó la paz.

Enrique III aprendió una o dos lecciones de la crisis que sacudió a Inglaterra de 1232 a 1234. Le fue recordado que la Carta Magna tenía el poder de situarlo bajo la ley y que los condes, barones y obispos estarían dispuestos a juzgarlo. Hubert de Burgh fue restaurado como justiciar, y el rey tuvo que devolver las tierras a los nobles perjudicados durante el servicio de Roches como consejero del rey.

Parece que hasta el momento final el rey Enrique III no aprendió las lecciones de esta crisis. Los barones tenían razón temiendo el posterior comportamiento del monarca. Enrique continuó interfiriendo en los juicios contra arrendatarios, aunque la Carta Magna garantizaba sus libertades ante los tribunales. Tras 1234, existió una falta generalizada de justicia en el reino, ya que Enrique negaba o retrasaba los procesamientos oficiales reales próximos a él. De nuevo, entre los que disfrutaron de la protección del rey se encontraron sus amigos extranjeros de la corte, por ejemplo, los tíos de su esposa, Eleanor de Provenza, o sus medio hermanos lusitanos buscando su propia fortuna en Inglaterra. Una vez más, los barones oriundos fueron dejados de lado, sintiéndose mal acogidos en la corte real y fuera de la ley. Enrique permitió igualmente que la corrupción creciera entre los jueces de su corte, ya que a menudo hacían la vista gorda ante delitos cometidos por su familia y amigos.

Sin embargo en las áreas rurales, Enrique III no pudo imponer el orden, y los líderes locales alcanzaron el poder. Los barones se encargaron de mantener la paz en sus condados al derrumbarse la red de sheriffs reales. Los nobles locales perdieron todo el respeto que tenían por su rey, especialmente tras demostrar ser un comandante militar incompetente perdiendo todos los territorios franceses en 1253. A lo largo de sus campañas militares, Enrique siempre necesitó dinero, pero no había podido persuadir a los barones para que realizaran donaciones económicas debido a la falta de asesores capaces. Solo pudo incrementar los impuestos, tal como aconsejaban sus amigos extranjeros. Explotó a los judíos con fuertes gravámenes sobre la tierra, lo que provocó la destrucción de la comunidad judía en la Inglaterra medieval. También se dio el lujo de recuperar las enajenadas reales para financiar su guerra. Explotó el bosque real, que se encontraba protegido por la Carta del Bosque. En lugar de reunir suficiente dinero para financiar su ejército en Francia, Enrique III solo consiguió agitar a sus súbditos, que vieron su comportamiento como otra violación más de la Carta Magna. Los barones insistieron en que Enrique debía reafirmar el documento en 1253, y a cambio le prometieron ayuda financiera para su campaña en Gascuña. Pero se demostró que esta vez, la ratificación no había sido suficiente, ya que Enrique siguió abusando de su dominio.

Gracias al inepto gobierno de Enrique, surgió una nueva crisis en la década de 1250 que inspiraría un nuevo e importante movimiento de reforma entre los nobles y el clero. Los dos grupos se unieron, ya que la piedad había penetrado en la sociedad noble. El clero tuvo un gran papel centrando la atención de la nueva rebelión sobre la Carta Magna. En 1258, el arzobispo de Canterbury acusó abiertamente a Enrique de violar las libertades de las iglesias, así como las otorgadas por la Carta Magna. En concreto, afirmaban que Enrique mantenía los puestos eclesiásticos abiertos para poder disfrutar de los ingresos que proporcionaban, ya que era el rey el encargado de nombrar a los oficiales de la Iglesia. Continuaron señalando la forma en que este comportamiento había violado la Carta Magna en tres ocasiones. La Iglesia también quería participar en las elecciones episcopales, ya que veían las mismas como algo de su dominio. La Gran Carta del rey Juan concedió la libertad de elección a la Iglesia, un aspecto que incluso el papa Inocencio III abrazó.

Por otro lado, los barones se vieron ofendidos por la forma en que Enrique III había tratado la distribución del patronazgo. Vieron que el rey concedía tierras y castillos a extranjeros en lugar de a los nobles nacionales. Incluso los funcionarios reales se alarmaron cuando el rey comenzó a conceder grandes porciones de tierra aportadoras de ingresos a la Corona a sus medio hermanos y a los tíos de su esposa, los extranjeros. Esto causó la pérdida de los recursos de la Corona, y los administradores reales no podían ignorarlo. Incluso se sospechaba de un gobierno secreto que gobernaba desde dentro de la casa real porque el puesto de justiciar había permanecido vacante desde 1232. Además, el canciller real ya no estaba a cargo del sello real, ya que, en 1238, Enrique asumió la responsabilidad él mismo. Una vez más, los fallos del rey exigían la reafirmación de la Carta Magna, pero esto todavía no era suficiente. Los barones quedaron sin poder, y no mantuvieron su influencia en las decisiones del rey para nombrar oficiales reales.

Fue el "Negocio Siciliano" el que probaría que Enrique III tenía el mal hábito de escuchar los malos consejos de sus parientes y amigos extranjeros. En 1254, Enrique aceptó la oferta del papa de tomar Sicilia y regalar su trono a su segundo hijo, Eduardo. El papa Inocencio IV mantenía una guerra en venganza personal con la familia Hohenstaufen, que mantenía autoridad imperial sobre Italia. Para acelerar la llegada del ejército de Enrique a Sicilia, el papa ofreció a Enrique una gran suma de dinero, que fue invertida en la campaña. Pero poco después, Inocencio fue sucedido por Alejandro IV, que se negó a pagar la campaña de Enrique. En cambio, le exigió que devolviera el dinero que le había dado Inocencio. La suma era enorme, un total de 90.000 libras, y Enrique no pudo pagarla. Se dirigió al Parlamento, solicitando la ayuda de los barones, pero estos se negaron. Intentó conseguir el auxilio del Parlamento durante tres años más, pero Alejandro no estaba contento con el retraso, así que mandó un enviado a Inglaterra amenazando con excomulgar al rey si no era capaz de pagar sus deudas con Roma. El Parlamento se negó una vez más a ayudar a Enrique, que empezó a quedarse dinero de altos cargos clericales. Les hizo firmar Cartas en blanco, que utilizaba como promesa de que asistirían al rey en la recaudación del dinero destinado a los esfuerzos en Italia. De esta manera, reunió alrededor de 40.000 libras. La guerra en Italia no obtuvo el apoyo de sus nobles y culminó en una revuelta abierta en 1258.

Capítulo 8 – La Segunda Guerra de los Barones y Eduardo I

La revuelta comenzó cuando siete barones se aliaron con el objetivo de expulsar de Inglaterra a los medio hermanos del rey Enrique III, los Lusignan. Entre ellos había incluso un extranjero, Simón de Montfort, conde de Leicester, que era de origen francés. Se había casado con la hermana del rey obteniendo títulos nobiliarios, pero poco después, cayó en desgracia ante el monarca. Su motivación para unirse a la revuelta pudo haber sido de índole personal, pero se convirtió en el más firme defensor de las reformas, beneficiosas no solo para los barones sino también para los caballeros. Estos últimos también padecían, ya que el gobierno aislaba al rey, que solo permitía obtener beneficios y ventajas financieras a sus personas más cercanas. Entre los otros barones que forjaron con ellos una alianza se encontraban Roger y Hugh Bigod, John Fitzgeoffrey, Pedro de Montfort, Pedro de Saboya y Ricardo de Clare. Estos siete barones también consiguieron el apoyo de la reina Eleanor, que consideraba beneficioso expulsar a los Lusignan del reino.

La revuelta de los barones de 1258 es considerada la segunda gran crisis del gobierno de Enrique III. Ellos intentaron, una vez más, restringir la autoridad del rey, y deseaban ir más lejos de la Carta

Magna asegurando la participación permanente de los barones en el gobierno, para controlar al rey sometiéndolo al imperio de la ley. También deseaban reformar las oficinas estatales para que empezaran a servir al reino, no solo al rey. Los barones comenzaron lentamente la revuelta presentándose a menudo en las sesiones del Parlamento a para exponer sus demandas y opiniones sobre la monarquía. Tras un tiempo relativamente corto, los siete barones comenzaron a exigir los cambios agresivamente, y Enrique ya no podía negar el peligro de una nueva guerra civil. Sin embargo, los barones se enfrentaron a un dilema. No disponían de nada en sus manos para conseguir que el rey aceptara reformas si deseaban evitar la violencia, ya que podía señalarlos por romper su juramento y hacerlos arrestar por traición. Decidieron tratar al rey como un gobernante incompetente y mentalmente enfermo cuyos consejeros debían ser sustituidos. Intentaron regresar a su cuerpo de consejeros como guardianes del rey, igual que sucedió en sus años de minoría. Los barones formaron "*le commun de Engleterre*", o, como se traduce en el inglés moderno, "la comunidad del reino", una sociedad que tenía capacidad de hablar en nombre de todo el reino.

En junio de 1258, durante la sesión del Parlamento en Oxford, se presentó una demanda para lograr que el rey fuera fiel al juramento que había hecho al reeditar la Carta Magna en 1225. El Parlamento procedió con insistencia para que tanto el rey como la "comunidad del reino" formaran un comité de reforma del gobierno. Cada partido debía nombrar a doce representantes, que se convertirían en miembros del comité y trabajarían juntos para construir unas reformas que pudieran considerarse aceptables. Este comité comenzó su trabajo y dispuso una serie de experimentos gubernamentales que durarían hasta 1265. Se concentraron en la búsqueda de una solución para limitar el poder real y ampliaron las responsabilidades del gobierno inglés. Las medidas aprobadas por esta asamblea del Parlamento son conocidas como las Provisiones de Oxford.

Al comité se le ocurrió la idea de dos consejos compartiendo el poder con el rey. Uno estaría formado por quince funcionarios elegidos en igual número por el rey y los barones. El otro, estaría formado por doce que serían nombrados solo por estos. Su papel sería el de ocuparse de las leyes comunes y de los asuntos del reino y del monarca. Los barones anhelaban la completa restauración de los oficios del justiciar y el canciller, pero también exigieron que estos empleos fueran separados de la casa del rey. La siguiente en reformarse sería la oficina del tesoro público, lo que evitaría que el rey desviara flujo financiero hacia su casa. Sin embargo, la implementación de tal reforma le quitaría al rey el poder ejecutivo reduciéndolo a un monarca títere.

En las protestas contra el gobierno de Enrique, se invocó a menudo la Carta Magna, sobre todo por el clero, que transformaría la revuelta en una cruzada moral. También avergonzó a los nobles para que se unieran a ellos calificándolos como "príncipes modernos opresores de los pobres".[16] Nobles menores, caballeros y propietarios se unieron a los barones y exigieron reformas en los gobiernos locales. El deseo de cambio se extendió por todo el reino, incluyendo el campo. En octubre de 1259, los caballeros recibieron las provisiones de Westminster, que reafirmaban la Carta Magna y la Carta del Bosque. Limitaba el cargo de sheriff a los caballeros oriundos que debían ser elegidos anualmente y recibirían un salario por el trabajo. Las disposiciones también restringían la autoridad de los magnates ante sus tribunales, concediendo libertades a todos los hombres libres sujetos de sus jurisdicciones. Esta cláusula siempre había existido en la Carta Magna, pero nunca fue aplicada hasta 1259, cuando el consejo de los doce oyó las reclamaciones de la gente común.

La cooperación entre el rey y el consejo fue imposible, y la nueva Constitución duró solo dos años. Colapsó en abril de 1261, cuando Enrique III escribió al papa pidiendo su dispensa de los juramentos con los que apoyaba las decisiones del Parlamento. Para apaciguar al pueblo, el rey trató de asegurar que aún respetaría las Cartas, tanto la

---

[16] Carpenter (1999), 339; Maddicot (1994), 353-5.

Carta Magna como la Carta del Bosque. Sin embargo, Enrique comenzó a reemplazar a los sheriffs elegidos por los barones, y tomó el control de algunos de los castillos reales. Los barones, con Simón de Montfort como líder, se unieron de nuevo y poniendo en marcha un gobierno que funcionaría independientemente del rey. Esta vez no contaron con el apoyo de la reina, que ayudó a su marido a formar un ejército de mercenarios. Amenazados con la guerra civil, los barones se vieron obligados a retroceder. Simón fue exiliado a Francia, y la resistencia de los barones finalizaría de momento. Enrique continuó abusando de su poder, intimidando a su oposición política y extorsionando a los judíos con altos impuestos. Continuó disfrutando de su autoridad sobre el reino hasta 1263, cuando el papa decidió revocar su juicio sobre las Provisiones de Oxford y Westminster, confirmando su legitimidad. El país se deslizó rápidamente a una guerra civil, ya que los barones pensaron que contaban con el apoyo de Roma.

Simón de Montfort pudo volver a Inglaterra y reunir junto a él a los barones rebeldes. La guerra civil estalló en octubre de 1263 entre el rey Enrique III, que tenía el apoyo de su hijo Eduardo, y los barones leales y de Montfort, apoyados por una nobleza encaminada hacia la radicalidad. Los rebeldes persuadieron a los caballeros para que se unieran a su causa, y juntos comenzaron a deshacerse de las pruebas de sus deudas con los judíos para evitar pagarlas. Como los judíos eran considerados propiedad de la Corona, los préstamos devueltos terminarían en manos del rey y quinientos de ellos murieron durante la sublevación de Londres. Los rebeldes consiguieron sustituir por completo a los amigos íntimos del rey que actuaban en calidad de consejeros de la casa real.

La guerra se prolongó y la victoria de Montfort en la batalla de Lewes en 1264 pareció ser la batalla decisiva. Montfort tomó el control completo del gobierno, pero no pudo deshacerse del rey, ya que se trataba de un monarca ungido. Su autoridad no tenía legitimidad y el único camino que Simón de Montfort podía tomar era gobernar en nombre del rey Enrique III, a quien mantenía cautivo. Para ampliar sus apoyos, ordenó que cuatro caballeros de cada condado acudieran a las sesiones del Parlamento. No solo incluyó a los caballeros en el Parlamento, sino que también invitó a los comerciantes, ampliando así la definición de comunidad en el reino.

Simón no gobernó durante mucho tiempo porque algunos barones lo veían como un obstáculo para conseguir la paz con el rey. No fue capaz de mantener a sus seguidores unidos, y rápidamente, algunos desertarían. solo un año después de la batalla de Lewes, el ejército monárquico derrotó a los barones reformistas en Evesham, y solo pasados unos días Enrique III anuló todas las reformas llevadas a cabo por Montfort. Simón Montfort murió durante la batalla, y los barones ya no contaban con nadie capaz de unificarlos por su causa.

La segunda guerra de los barones no logró restringir el poder real. Sin embargo, la Carta Magna seguía situándose en el centro de la ley y de la política inglesa. El rey emitió el Dictum de Kenilworth en 1266, con el que declaró la reconciliación con los rebeldes. Una vez más, Enrique III prometió que cumpliría la Carta Magna y la Carta del Bosque. El heredero del rey, Lord Edward, se convirtió en el gobernante de facto junto a su padre. Simpatizaba con algunas de las reformas llevadas a cabo en 1259, y aseguró la legalidad de las mismas con el Estatuto de Marlborough. La Carta Magna fue incluida en este estatuto, ya que Eduardo había confirmado que todos los artículos de esta serían respetados por igual, tanto si se referían al rey como lo hacían al pueblo.

Sin embargo, una vez convertido en el único monarca del reino, Eduardo I gobernó Inglaterra de la misma forma que su padre y su abuelo. Siguió estrictamente la tradición angevina de preservar y expandir el poder real. Sin embargo, a diferencia de sus predecesores, Eduardo logró reforzar la posición de la corona al disfrutar de sus derechos en toda su extensión. Una gran diferencia entre Enrique III y Eduardo era que el último había alcanzado el trono como adulto, ya con una vasta experiencia sobre cómo gobernar. Era más capaz de mantener una administración eficiente incluso en tiempos de guerra, algo que fue característico de su gobierno. Estaba decidido a defender Gascuña, la última posesión inglesa en Francia. También intentó extender el reino inglés ocupando por completo la isla británica. Por supuesto, toda esta maquinaria de guerra exigía medidas recaudatorias de ingresos, que nuevamente oprimieron y enfurecieron a sus súbditos. En la última década de su gobierno, se formaría de nuevo una oposición que exigió la confirmación de las Cartas.

Eduardo I fue considerado durante mucho tiempo el fiel reflejo de un monarca fuerte y justo y la imagen ideal de un gobernante, ya que se trató de un rey guerrero que transformó la administración inglesa y el derecho consuetudinario, y que también sería reconocido por su piedad y caballerosidad cristiana. Sin embargo, los historiadores modernos creen, que si hubiera gobernado durante un poco más de tiempo, Eduardo habría convertido a Inglaterra en una monarquía absoluta, tal como lo fue Francia. En la actualidad, Eduardo es visto como uno de los padres del Parlamento inglés, quien establecería definitivamente el mantenimiento de sesiones regulares. El Parlamento de Eduardo consideró apropiado sustituir los comités de barones por caballeros y ciudadanos actuando como portavoces de sus respectivas clases sociales. Pero este Parlamento sirvió también como un órgano que permitía al rey incrementar legalmente los impuestos cuando quisiera. Las guerras que Eduardo estaba tan ansioso por luchar costaban mucho más de lo que un rey del siglo XIII podía permitirse.

La primera vez que Eduardo confirmó la Carta Magna y la Carta del Bosque fue en 1276, lo que resultó en la ausencia de cualquier tipo de crisis política que perturbara los primeros años de su reinado. Este período es destacado a menudo por los historiadores como el punto culminante de la Inglaterra medieval.

Durante la segunda parte de su reinado, en sus años de madurez, el gobierno de Eduardo violó el espíritu de la Carta Magna. Sus problemas siempre habían sido financieros, ya que luchó a menudo en múltiples frentes militares, ocupado contra Francia, los escoceses y los galeses. Durante la década de 1290, parecía que no llegaría el fin de las campañas militares de Eduardo, e impondría al reino fuertes impuestos para continuar financiando a sus ejércitos. Un rey otrora popular provocaba ahora el resentimiento su propia gente. En 1297 estallaría otra crisis política cuando los barones, clérigos, obispos y comerciantes conformaron oposición. De nuevo, la Carta Magna se convirtió en el centro de atención de la agitación política de Inglaterra. El Parlamento utilizó el documento como arma, exigiendo que fuera confirmado y reelaborado, ya que algunas de sus cláusulas requerían aclaración. Se exigieron cláusulas suplementarias capaces de someter al rey al imperio de la ley con la esperanza de que finalizara con su constante demanda de unos impuestos más altos.

Durante el siglo XIII, la Gran Carta (la Carta Magna) fue un documento muy conocido, ya que todo abogado o terrateniente poseía una copia de la misma y la utilizaba como manual de derecho. Cualquier clase poseedora de alguna propiedad se sentía especialmente atraída por el documento. Podían comprender su significado, ya que incluía cláusulas defensoras de sus derechos y libertades. El orden eclesiástico valoraba la Gran Carta porque garantizaba la libertad de la Iglesia, y no es de extrañar que fuera el clero el primero en oponerse al abuso de poder de Eduardo.

Eduardo I utilizó los fondos de la Iglesia (alrededor de la mitad de sus ingresos) para recompensar a sus clérigos reales, y esta sería la razón de la disputa entre el rey y el arzobispo de Canterbury, partidario de reformar la Iglesia. El arzobispo organizó una lectura de la Carta Magna durante el concilio eclesiástico, tras lo que amenazó con la excomunión a cualquiera que violara la libertad de la Iglesia inglesa. También se aseguró de que cualquier persona pudiera tener acceso a la Gran Carta ordenando su exhibición en todas las catedrales e iglesias. Por orden de Eduardo, estas copias de la Carta Magna fueron retiradas como clara señal de su resentimiento ante las decisiones del arzobispo. El clero inglés apeló al papa Bonifacio VIII, quien estaba ansioso por demostrar su dominio sobre Eduardo, que gobernaba como monarca secular. En 1296, el papa emitió una bula prohibiendo al rey cobrar impuestos a la Iglesia y al clero sin el permiso del pontífice. El sacerdocio inglés esperaba un resultado distinto, ya que esta bula papal los situaba en un dilema. Ahora deberían desobedecer o a su gobernante secular, el rey, o al propio papa. Eligieron insubordinarse a Eduardo, que aprovechó la oportunidad para retirarles la protección real. Ello significaba que ahora eran forajidos. Finalmente, en 1297, el papa aceptaría un compromiso aceptando a los gobernantes cobrar impuestos al clero sin autorización papal pero únicamente en tiempos de emergencia. Sin embargo, el papa nunca definió aquello a lo que se consideraba emergencia, por lo que los monarcas fueron libres de llegar a sus propias conclusiones.

Eduardo I tampoco fallaría en encolerizar a los mercaderes. Subió los impuestos aduaneros, que serían conocidos como *maltote*, o peaje maligno, tal como los denominó la gente de aquella época. En julio de 1294, el rey ordenó un incremento del impuesto sobre todo bien mueble. También hizo a los comerciantes venderle lana, que sería revendida por la corona con un beneficio muy superior a fin de financiar la guerra. Igualmente, enfureció a los barones ordenándoles que lucharan en Flandes, donde no tenían intereses propios y donde sus antepasados no habían puesto un pie jamás, era una tierra con la que no mantenían ningún vínculo o razón alguna para luchar.

El resentimiento de la oposición era tan grande que Eduardo se encargó de reforzar los castillos reales para el caso de que estallara la guerra civil mientras se encontraba en su campaña de Flandes. El descontento por los altos peajes llevó a que dos condes llevaran a sus ejércitos ante el tesoro público, prohibiendo a la oficina la recaudación de impuestos. Eduardo I dejó a su hijo y heredero, Eduardo Caernarvon, lidiando con la crisis que se desató en Inglaterra. En octubre de 1297, convocó al Parlamento, prometiendo la confirmación de la Carta Magna y la Carta del Bosque. Sin embargo, los barones insistieron en añadir cláusulas nuevas a la Carta Magna que limitarían el poder real, y Eduardo tendría que rechazarlas. En su lugar, las cláusulas fueron publicadas en un documento separado que contenía seis promesas conocidas como la

Confirmación de las Cartas. La primera cláusula establecía que Eduardo prometía mantener la Carta Magna y la Carta del Bosque, confirmadas por su padre, Enrique III. Otra cláusula determinaba que las leyes debían ser enviadas a todas las catedrales, donde serían leídas al pueblo dos veces al año. Tres años más tarde, en 1300, mientras la guerra con los escoceses continuaba y Eduardo trataba de subir los impuestos de nuevo, los obispos consiguieron que la Carta Magna fuera confirmada una vez más. Esta ratificación de la Carta tiene su importancia histórica, pues fue la primera vez que se leería a la gente en inglés.

Eduardo I consiguió liberarse de la confirmación de la Carta Magna de 1300 realizando un trato con los mercaderes, quienes acordaron incrementar los aranceles en 1303. Un acuerdo realizado con un único grupo en lugar de toda la comunidad en sesión parlamentaria violaba el espíritu de la Carta Magna. Sin embargo, el rey iría aún más lejos y realizó un trato con el papa. Le fue concedida la dispensa de las promesas presentadas en la Confirmación de las Cartas a cambio del derecho papal a cobrar un impuesto a la Iglesia inglesa. Aunque el rey renegó de la confirmación de la Carta Magna, esta se mantuvo en la memoria de sus súbditos, que presionarían fuertemente al monarca para conseguir nuevas confirmaciones.

La profesión legal comenzó a surgir en el siglo XIV, situando a la Carta Magna en un lugar central de la ley inglesa. Los abogados de la Edad Media tardía, que ejercían fuera de las universidades, rechazaron el derecho canónico o el romano, encumbrando a la Carta Magna por tratarse de la ley inglesa vernácula.

Capítulo 9 – El Periodo Medieval Tardío y los Tudor.

Enrique VII, Fundador de la Dinastía Tudor.
*(Fuente: https://en.wikipedia.org/wiki/House_of_Tudor#/media/File:Enrique
_VII_de_Inglaterra,_por_un_artista_an%C3%B3nimo.jpg)*

La Carta Magna continuó siendo confirmada a lo largo de los siglos XIII y XIV, pero quedaría posteriormente ensombrecida por la alta política permaneciendo en un segundo plano hasta el siglo XVII. Los rápidos cambios económicos y la endémica anarquía que marcaron esa época ocuparon un lugar de mayor prioridad ante los barones que propia Carta Magna. Sin embargo, la Carta no sería completamente olvidada. Fue confirmada ocho veces durante el siglo XV, lo cual es, sin embargo, significativamente inferior a las treinta que había recibido en el siglo anterior. La Gran Carta continuó siendo observada en los procedimientos parlamentarios y judiciales a lo largo de la Baja Edad Media. Durante el reinado de Eduardo III (1327-77), fueron promulgadas seis leyes que concretarían la promesa de la Carta de lo que se iba a convertir en el "proceso legal debido". La Carta Magna se utilizó para enseñar la tradición del derecho consuetudinario sobre el proceso debido, no solo a los abogados sino también a la nobleza del país. La pericia legal era esencial para la clase de los terratenientes, algo de lo que comenzaron a darse cuenta. Estos consideraban que la Carta Magna y el derecho consuetudinario eran los mejores protectores de los derechos de propiedad.

El Parlamento inglés había tomado forma durante el reinado de Eduardo I, pero sería en los tiempos de Eduardo III cuando atravesaría las etapas clave de su desarrollo. En el momento en que el Parlamento permitió los portavoces de las clases inferiores a barones y nobles, se convirtió en el protector de las libertades prometidas al pueblo por la Carta Magna. Durante el siglo XIV, cada primera petición de la sesión parlamentaria se realizaría por la Cámara de los Comunes, que solicitó que la Gran Carta y la Carta del Bosque fueran firmemente observadas.

La Carta Magna, la Carta del Bosque y la Confirmación de las Cartas de Eduardo I fueron consideradas sagradas durante el siglo XIV y las leyes que se oponían a estos documentos se consideraban inválidos. La práctica continuó durante el reinado de Eduardo III, que incluso pidió el examen de las leyes para confirmar que no se oponían a la Carta Magna.

El reinado de Eduardo II devolvió el reino a los tiempos de Enrique III y a las prácticas de un gobierno casero. Eduardo II era conocido por prodigar a sus amigos regalos en forma de dinero y tierras sin tener en cuenta lo útiles que pudieran ser estas personas para la política del reino. Una vez más, los barones se reunieron para diseñar un plan que permitiera supervisar al gobierno. Las rivalidades personales habían oscurecido la importancia de la Carta Magna y los principios constitucionales. Ambas facciones, monárquicos y reformistas, se encontraban preparadas para tomar las armas y luchar por el control del rey y del gobierno. El conflicto armado estalló al negarse el monarca a exiliar a su amigo más cercano, Piers Gaveston, primer conde de Cornualles, que mantenía una enorme influencia sobre la política de Inglaterra. De hecho, los cronistas contemporáneos afirmaron que, en aquella época, Inglaterra se encontraba gobernada por dos reyes, Eduardo II y Gaveston, uno por su nombre y el otro por sus acciones. Se dice que Eduardo II prefería la compañía de su amigo Gaveston a la de su esposa, la reina Isabel. No es de extrañar pues, que ella diera su apoyo a los barones reformistas. El rey tuvo que enviar a su amigo al exilio en 1308, nombrándole teniente de Irlanda. Al mismo tiempo, escribió al papa Clemente V, pidiendo que se permitiera a Gaveston regresar a Inglaterra. Al conde de Cornualles se le permitió volver, pero su relación con los barones se demostró muy difícil. Pronto, sus enemigos políticos se negaron a estar presentes en las reuniones del Parlamento solo porque él se encontraba allí. Los barones pidieron al rey Eduardo que destituyera a Gaveston como consejero y que en su lugar admitiera un cuerpo consultivo de veintiún barones electos conocido como los Lores Ordainers, o simplemente Ordenantes. Su objetivo era llevar a cabo una reforma tanto del gobierno como de la casa real. Eduardo aceptó, y los Ordenantes fueron elegidos tanto entre la facción reformista como la monárquica. Propusieron una serie de ordenanzas en 1311 para reordenar el gobierno. La Carta Magna jugó un importante papel en la confección de estas las mismas. Los artículos 6 y 38 reconocían que el monarca estaba obligado por la

Gran Carta y tendría en cuenta todos los aspectos de la misma. La Carta quedó establecida como estándar legal en su artículo 31, que señala que si algún estatuto entrara en conflicto con el documento o con la Carta del Bosque, debía ser anulado.

Según las ordenanzas de 1311, Eduardo era todavía el jefe de gobierno y jefe de estado, y consideraba que las mismas limitaban su poder ejecutivo real. Cuando Gaveston fue capturado y asesinado por los barones, Eduardo se decidió a librarse de las ordenanzas. Sin embargo, para asegurar una campaña militar en Escocia, aceptó perdonar a los barones involucrados en la muerte de Gaveston y mantenerlas. El rey se dio prisa en encontrar un nuevo favorito, Hugh Despenser el Joven, cuya influencia y toma de tierras en Gales enfureció a los barones una vez más. Eduardo II cedió su ejército a Despenser para su apropiación de tierras en las fronteras galesas. Los barones consideraron este movimiento como una violación directa de las cláusulas 29/39 de la Carta Magna, ya que el rey estaba enviando el ejército contra sus súbditos. En 1321, los enemigos de Despenser ocuparon la mayoría de los escaños del Parlamento, y se aprobó una votación para exiliar tanto a él como a su padre de Inglaterra. El rey trató de defender a su favorito, invocando la Carta Magna debido a que desterrar a Despenser "sería contrario al derecho consuetudinario de nuestro reino".[17] En la batalla de Boroughbridge de 1322, el ejército del rey derrotó al partido baronial, repitiéndose juicios falsarios similares al que había exiliado a Despenser. Veinticinco barones fueron ejecutados, mientras otros serían encarcelados o multados por el papel que habían desempeñado oponiéndose al rey. La garantía de la Carta Magna de que el castigo debería ser el resultado de un juicio sería ignorada, ya que los procesos de los pares no se llevaron a cabo. Tras estos eventos, la importancia de la Carta Magna se vio de nuevo incrementada.

---

[17] Thompson, Faith (1948), *Magna Carta: its role in the making of the English constitution, 1300-1629*, Mineapolis: University of Minnesota Press.,78.

El Parlamento de York invocó la ley sobre la tierra de la Carta Magna, y el exilio de Despenser fue revocado. El Estatuto de York se negaba a reconocer las ordenanzas de 1311 y concluyó que no eran los barones los que sabían lo que era mejor para el rey y para el reino. Esta revocación de las ordenanzas no influyó en la validez de la Gran Carta, que siguió reafirmándose cuando la ocasión lo exigió. Finalmente, Eduardo II se vio obligado a abdicar debido a los planes políticos de su propia esposa, la reina Isabel de Francia, y de su amante, Roger Mortimer. La pareja situó al hijo menor de edad del rey, Eduardo III, en el trono mientras gobernaba como regente.

Una vez cumplidos los dieciocho, Eduardo III tomó el reino en sus manos y desterró a su madre mientras ejecutaba a Mortimer. Su gobierno mantuvo un carácter bélico: empezaría la guerra de los Cien Años (1338-1453), mientras trataba de recuperar las tierras Plantagenet en Francia. Los barones compartían su entusiasmo por la guerra, y mientras el rey otorgaba privilegios reales al Parlamento, se mostraban felices de financiar el conflicto. También se encontraban ansiosos por recuperar las tierras en Francia, lo que les daría un mejor porvenir.

Eduardo III fue sucedido por su nieto Ricardo II, cuyo gobierno fue descrito a menudo como débil, muy similar a los de Enrique III y Eduardo II, ya que todos ellos mantuvieron Parlamentos familiares repletos de malos consejeros. Igual que sucedió con sus dos predecesores, Ricardo se vio obligado a compartir el poder ejecutivo con los barones. Aceptó la comisión de reforma de 1386, conocida como los Lores Recurrentes, parecida a los Lores Ordenantes de Eduardo II. En ese momento, la guerra de los Cien Años se encontraba en marcha, pero Ricardo era un rey que buscaba la paz. Sus barones no se encontraban satisfechos con su compromiso en buscar el fin de la guerra porque se estaban beneficiando enormemente de las hostilidades con Francia. En el gobierno posterior de Ricardo II, pareciera que la Carta Magna fue olvidada. Continuó existiendo, nunca fue anulada, y los abogados continuaron utilizándola como manual de derecho consuetudinario. Pero los ciudadanos habían perdido su confianza en el derecho consuetudinario, y al realizar una petición al rey o al Parlamento, la Carta Magna nunca sería invocada. Incluso durante la revuelta campesina de 1381, cuando el pueblo reclamó sus libertades personales, no adujo ni una sola vez la Carta Magna.

Ricardo II se dedicó a derogar la decisión del Parlamento de compartir el poder con los Lores Apelantes, y para 1388, lo consiguió. Tras lograr el poder ejecutivo por completo para sí mismo, el rey iniciaría un gobierno despótico. Sus enemigos fueron exiliados o ejecutados, y durante su persecución ninguno de ellos se inspiró en la Carta Magna para apelar por su protección. Ricardo impuso sus tribunales militares, y la Corte del Condestable, y los tradicionales tribunales de derecho consuetudinario fueron olvidados. Durante la fase totalitaria de su régimen, el rey Ricardo II desheredó a su propio primo, Enrique Bolingbroke, que fue exiliado y cuyas tierras y propiedades fueron confiscadas. Esta acción amenazaría directamente los derechos de propiedad de la aristocracia y empujaría a los magnates a la rebelión. Ricardo se vio obligado a enfrentarse solo a los rebeldes, ya que no contaba con apoyo alguno. En 1399, el Parlamento inició el procedimiento de disposición, obligando a Ricardo a abdicar. Aun así, se realizó de tal forma que quedara la impresión de que el rey había abdicado por voluntad propia. Como Ricardo no tenía hijos, su pariente más cercano para sucederle sería el mismo Enrique Bolingbroke al que él había exiliado. Bolingbroke fue coronado Enrique IV, el primero de los reyes de la casa Lancaster.

La confirmación periódica de la Carta Magna, que se había convertido en una costumbre, finalizo durante el reinado de Enrique VI, último rey Lancaster. Los historiadores explican que la importancia de la Gran Carta decayó al convertirse Inglaterra en un país de desórdenes y desastres políticos. Pero la Carta Magna no fue olvidada. Existen muchas pruebas de que fue invocada y que los acusados apelaban a sus disposiciones técnicas. Además, abogados y jueces la citaron en ocasiones para fines de escasa importancia. Las apelaciones a la garantía de la Carta de un proceso debido serían inexistentes en la época de los reyes de Lancaster y York. Un escenario político en el que reinaba la anarquía y en el que existía un constante peligro de golpe de estado era un terreno fértil para las constantes violaciones de las cláusulas 29/39 por parte de los reyes. En medio de los cambios que trajo el siglo XV, la Carta Magna dejó de encontrarse en el centro de la vida política. Eduardo IV y Ricardo III, junto con sus sucesores Tudor, serían frecuentemente acusados por sus contemporáneos de llevar a Inglaterra al absolutismo moderno.

El consejero o los tribunales de prerrogativa de los tiempos de los Tudor amenazaban la existencia de los tribunales de derecho consuetudinario. Eran más eficientes en la aplicación de la ley y el orden de lo que los tradicionales tribunales de derecho consuetudinario fueron capaces de hacer. Otra desventaja de estos tribunales era la corrupción de los jueces y la fácil intimidación de los jurados. Con procedimientos autoritarios derivados del derecho romano, los tribunales de prerrogativa estaban diseñados para impartir una justicia rápida, castigar los delitos que el derecho consuetudinario prohibía y provocar respeto y miedo a los magnates.

Bajo el gobierno de los Tudor, la Carta Magna continuó alejada de la escena política de Inglaterra. A partir de 1399, el reino padecería una serie de gobernantes débiles, y aumentó la necesidad de un gobierno fuerte. Mucha gente pensó que sacrificar algunas de sus libertades era un pequeño precio a pagar por un reino estable y en orden. Con Enrique VII y sus sucesores llegaría el despotismo de los Tudor, que representan los primeros ejemplos de monarquía absoluta, costumbre en la Europa de los siglos XVI y XVII. Sin embargo, los historiadores de hoy en día creen que los Tudor nunca pudieron ejercer un gobierno verdaderamente despótico por el simple hecho de que no disponían de recursos. Además de carecer dinero, los Tudor no tenían un ejército permanente o una fuerza capaz de vigilar el país. También dependían del apoyo de los barones y magnates del estado para subir los impuestos. Los Tudor eran conscientes de que la Corona debía de mantener la apariencia de reconocimiento del proceso debido, y a cambio, los jueces y abogados protegerían el privilegio de la corona ante la corte.

Cuando Enrique VIII independizó a la Iglesia anglicana de Roma, violó los derechos de sus súbditos. Esto solo sirve para mostrar lo poco que se respetó la Carta Magna durante su gobierno. A menudo encarcelaba a sus oponentes políticos sin presentar cargos únicamente para mostrar su poder sobre ellos. Solo ocasionalmente alguien invocaba la Carta Magna, reclamando sus derechos y libertades como inglés. Aunque la primera cláusula de la Gran Carta garantizaba la libertad de la Iglesia inglesa, la mayoría de los católicos perseguidos por el rey recurrirían al papa y a su autoridad para argumentar contra la supremacía real. Para entender por qué ningún magnate aristocrático se levantó en oposición al gobierno de los Tudor, uno debe considerar la atmósfera existente durante su gobierno.

La estructura social y económica inglesa ya no era la medieval, y la aristocracia había perdido su influencia política. Los rápidos cambios económicos del siglo XVI confundieron a los barones, y apenas fueron capaces de adaptarse. El comercio reemplazó a la agricultura como fuente de riqueza, mientras que la inflación aumentaba y los gastos de una vida lujosa se volvieron inalcanzables para muchos. La pobreza que los barones experimentaron repentinamente los llevaría a agruparse alrededor del rey con la esperanza de conseguir su patrocinio. Mientras la fortuna de los aristócratas disminuía, la nobleza, descendente de los caballeros medievales, se encontraba en ascenso. Muchos de ellos ganaron elecciones y se convertirían en miembros de la Cámara de los Comunes, comenzando finalmente a expresar sus propias preocupaciones políticas y religiosas.

Otra novedad del siglo XVI fue la corriente cultural proveniente de Italia conocida como humanismo. La idea del perfecto caballero que reuniera las cualidades de un caballero medieval con la sabiduría de la filosofía griega y romana se introdujo en las mentes no solo de la aristocracia sino también de la nobleza. Los súbditos Tudor vivían en una nueva era libre del caos de la guerra civil con una reciente y rejuvenecida monarquía, y disfrutando de las nuevas enseñanzas del humanismo. Liberado de la influencia papal en su religión, el pueblo de Inglaterra no veía la necesidad de rebelarse por las pocas libertades que les habían sido arrebatadas.

Con la invención de la imprenta y la sed de conocimiento del reino, la Carta Magna recuperó la atención de Inglaterra. Se imprimieron copias de la misma ya en la década de 1480, y junto con otros libros de texto legales, la Gran Carta sería uno de los primeros libros que se imprimieron en el país. La primera vez que la Carta Magna se publicaría en su totalidad lo haría en 1508 gracias a un inmigrante normando, Richard Pynson, quien se convirtió en el "impresor oficial del rey". Sus impresiones de la Carta Magna, *cum aliis antiquis statutis* se convirtieron en la edición más reimpresa y en la base de su traducción moderna al inglés.

Aproximadamente en la misma época, y a causa del humanismo, se despertó el interés por la historia de Inglaterra. Por primera vez, la gente se dio cuenta de la disputa mantenida por el rey Juan respecto a la firma de la Carta Magna. Hasta ahora, solo se conocía la Gran Carta por los libros legales y solo en su versión de 1225. La versión de 1215 de la Carta fue dada a conocer a través de la obra del arzobispo de Canterbury Matthew Parker, quien reunió manuscritos medievales y mantuvo una de las colecciones más importantes, que dejó a la biblioteca universitaria del Cambridge College. Pero el primer impresor en publicar la versión traducida de la Carta Magna sería George Ferrers, en 1579. Ferrers fue un político, poeta y abogado de derecho consuetudinario que imprimió el texto completo de la Carta en inglés, no en latín. Su traducción es torpe en muchos casos, ya que utilizó más palabras de las necesarias para describir ciertos términos. Sin embargo, pudo transmitir el significado general del documento.

La recuperación de la versión de la Carta Magna de 1215 arrojó una nueva luz sobre la disputa que el rey Juan mantuvo con sus barones, y los textos contemporáneos fueron a menudo tendenciosos apoyando abiertamente la rebelión. Sin embargo, el público inglés todavía evitaba las cuestiones relativas a la monarquía, la Constitución y las libertades inglesas. Eran conscientes de que discutir sobre tales temas era peligroso en un momento en que los Tudor mantenían a Inglaterra bajo su poder real. No existía una oposición lo suficientemente fuerte como para cuestionar el carácter de la monarquía de los Tudor, nadie lo bastante valiente como para dejarse inspirar por la revuelta de los barones y reclamar esas libertades.

El significado de la Carta Magna fue, quizás, comprendido más claramente por los puritanos, quienes se encontraban bajo una constante presión para cumplir los preceptos religiosos sometidos a Isabel I. Algunos incluso argumentaban que la primera cláusula de la Carta Magna, que garantizaba la libertad de la "Iglesia inglesa", no se aplicaba solo a la Iglesia anglicana, sino a todas. Los abogados que se encargaron de casos de los puritanos resucitaron las promesas de la Gran Carta, y comenzaron a circular por el país panfletos dando a conocer las libertades que garantizaba. Robert Beale y James Morice, ambos miembros del Parlamento, compusieron tratados que describen la Carta Magna como una ley básica e inalterable: la ley por encima de todos los escritos reales, la ley de la ley. Esta defensa de la Carta Magna por los puritanos y sus representantes preparó el camino para los parlamentarios del siglo XVII, quienes utilizarían la Carta Magna contra la monarquía de los Estuardo que sucedió a los Tudor.

Capítulo 10 – El Renacimiento de la Carta Magna.

Durante el siglo XVII, la Carta Magna volvió a ocupar un lugar central en la vida política y la de la realeza en el reino inglés. Los parlamentarios y los abogados consuetudinarios utilizaron la Gran Carta para luchar contra la prerrogativa real reafirmada por Jaime I. Durante el siglo XVII en Europa, la tendencia fue sostener el derecho divino del monarca. Teniendo en cuenta los valores europeos modernos, la Carta Magna constituía una anomalía dada su tradición de someter el poder real al imperio de la ley. La reina Isabel I, la última gobernante de la Casa de Tudor, fue sucedida por Jaime VI de Escocia, quien, al ser coronado, gobernó como Jaime I de Inglaterra. Acostumbrado a la noción de una monarquía de derecho divino, tuvo pocos problemas para adaptarse al autoritarismo de los Tudor. Sin embargo, la combinación de ideas totalitarias en un monarca amenazaba el papel del Parlamento en el gobierno del reino. En la década de 1640, los oponentes del monarca se enfrentarían a los mismos problemas que los barones del rey Juan. Necesitaban una solución ante un rey que se negaba a respetar la ley. Como el problema era el mismo que en 1215, también lo sería la respuesta: la guerra civil. Esta vez, en lugar de los barones, los líderes eran parlamentarios, y el resultado de la guerra civil de 1642-48 fue mucho más extravagante. El rey fue ejecutado, e Inglaterra cayó en una década de experimentación del gobierno republicano.

El gobierno de los reyes Estuardo que condujo a la guerra civil durante el reinado de Carlos I es comparable al del rey Juan, Enrique III y Eduardo I. Jaime I emitió una patente de monopolio sobre el comercio de ciertos bienes. Privilegió a sus favoritos, y a menudo su competencia fue encarcelada a causa de sus infracciones. Las víctimas entendieron que tales acciones violaban las cláusulas 29/39 de la Carta Magna. Jaime abolió algunos de los monopolios con el fin de apaciguar a sus opositores, pero esto no era suficiente. En 1624, el Parlamento dictó un estatuto que limitaba los monopolios reales. Para incrementar sus ingresos sin requerir el consentimiento del Parlamento, los reyes Estuardo recurrirían con frecuencia al aprovisionamiento (el derecho de los soberanos a adquirir provisiones a un precio fijo muy inferior al valor de mercado). A estas acciones causarían protestas, y los miembros de la Cámara de los Comunes del Parlamento inglés invocaron la Carta Magna en su lucha contra la realeza. Sin embargo, tales reproches no lograron nada, ya que la Cámara de los Lores no quiso provocar al rey Jaime. Evitando cualquier conflicto, el Parlamento decidió ignorar las súplicas de los comunes.

Los puritanos continuaron su lucha contra los monarcas por el control de la Iglesia de Inglaterra. Tanto Isabel I como sus sucesores Estuardo consideraban que la autoridad sobre la Iglesia era una prerrogativa real. Sin embargo, los puritanos, que ocupaban cada vez más escaños en la Cámara de los Comunes, desafiaron tal privilegio. Deseaban la total erradicación del papismo y la reconstrucción de la Iglesia anglicana basada en su propio sistema de creencias. Se llamaban a sí mismos puritanos dado que anhelaban "purificar" la Iglesia de la influencia de las prácticas católicas romanas convirtiéndola definitivamente en un inequívoco protestantismo.

A principios de 1620, los miembros de la Cámara de los Comunes exigieron que su rey, Carlos I, reafirmara la Carta Magna. Fue Sir

Edward Coke, abogado, juez y político, quien afirmó que la Carta Magna todavía estaba vigente cuando el rey comenzó a encarcelar a quienes se negaban a pagar los préstamos e impuestos forzados. Carlos I estaba dispuesto a confirmar la Gran Carta, pero se negó a admitir su reinterpretación. Sin embargo, esto no sería del agrado de los comunes, que respondieron emitiendo la Petición de Derecho, que defendía libertades específicas para el pueblo inglés tales como la restricción de impuestos que no tuvieran la aprobación del Parlamento, del alojamiento forzoso de soldados, del encarcelamiento sin cargos y de la utilización de la ley marcial. Las cláusulas 29/39 de la Carta Magna ocuparon un lugar fundamental en la Petición de Derecho. Cuando llegó a la Cámara de los Lores, sería plenamente apoyada por algunos, sin embargo, otros tratarían de cambiarla preservando algunas de las prerrogativas reales. Los Lores propusieron una versión de compromiso de la petición; no obstante, los comunes, con Coke como su líder, se opusieron firmemente. Cuando la petición llegó a Carlos I, no tuvo más remedio que aceptarla. Poco después, rompió sus promesas y comenzó a arrestar a miembros de los comunes sin ofrecer razón alguna. Muchos no sobrevivieron al encarcelamiento y no pudieron presentar ninguna objeción. Carlos I comenzaría su tiránico gobierno, y el Parlamento no pudo reunirse durante los siguientes once años, desde 1629 hasta 1640.

    Carlos estaba convencido de que podría ser un buen gobernante si no se encontraba constreñido por el Parlamento, pero pronto se enfrentaría al problema de encontrar nuevas fuentes de ingresos sin las subvenciones de la cámara. Para hacer frente a este inconveniente, el rey continuó rompiendo las promesas no solo de la Carta Magna sino también de la Carta del Bosque al tratar de ampliar los bosques reales. También explotó los pagos por la defensa costera extendiendo las obligaciones a todo el reino y manifestando que toda Inglaterra se beneficiaba de la marina real. Todas estas fuentes de ingresos le permitieron recaudar suficiente dinero para disfrutar de tiempos de paz. Sin embargo, el rey provocó un conflicto en Escocia, y pronto quedaría claro que los ingresos no eran suficientes. El rey trató de forzar las enseñanzas anglicanas en la Iglesia escocesa, lo que resultó en una guerra ente 1639 y 16440. Las deudas bélicas obligarían al monarca a convocar al Parlamento una vez más.

La primera sesión del Parlamento en 1640, conocida como el Parlamento Corto por durar solo tres semanas, no quiso ahondar en los asuntos financieros del rey hasta que concediera a sus súbditos el aseguramiento de libertades. La Carta Magna fue una vez más el centro de atención, y el rey no pudo conseguir el control del Parlamento que tuvo que ser disuelto. La segunda sesión de la cámara, conocida como el Parlamento Largo, vendría poco después durando hasta 1653 cuando Oliver Cromwell la disolvió. Sin embargo, este Parlamento no tuvo mayor interés en resolver los problemas del rey que el anterior.

Sería este Parlamento el que trató de restringir el poder absoluto del rey intentando arrebatar de la mano del monarca el control sobre el ejército. En 1641, hubo un levantamiento masivo en Irlanda contra los protestantes, y el rey necesitaba un ejército para lidiar con ello. Sin embargo, el Parlamento se mostró reacio, ya que temían que Carlos utilizara ese mismo ejército contra ellos. Emitieron una ordenanza sobre la milicia que representaba un claro desafío a la soberanía real estableciendo la responsabilidad del rey en la defensa del reino. En enero de 1642, el rey cursó una orden para el encarcelamiento de cinco líderes de los radicales de la Cámara de los Comunes. Los cinco consiguieron escapar, pero estallaría una guerra civil como respuesta al intento del rey contra el Parlamento.

El rey fue derrotado. Sin embargo, una segunda guerra civil estallaría en 1648 entre los puritanos del Parlamento y los soldados protestantes radicales. Los protestantes salieron victoriosos enviando a Carlos I a juicio en enero de 1649, cuando sería condenado y ejecutado como tirano, traidor y enemigo público de la Commonwealth. Antes de este acontecimiento, la acusación de traición se había reservado para aquellos que habían cometido crímenes contra la corona. Pero ahora, bajo un nuevo orden militar con Oliver Cromwell a la cabeza, la traición fue definida como la traición de la corona al pueblo.

Los protestantes radicales comenzaron su experimentación en 1649 de un régimen republicano, y duraría hasta 1660, un período conocido como interregno. Pronto, Cromwell se enfrentaría a los mismos problemas que el rey. Necesitaba reunir dinero para las emergencias causadas por la guerra civil, pero el Parlamento demostró no ser más que una frustración. Oliver Cromwell empezó a recaudar impuestos sin el consentimiento del Parlamento, y comenzó a arrestar a sus oponentes sin demostrar la causa debida. Cuando las personas apelaron a la Carta Magna para su protección, Cromwell ridiculizó el documento, burlándose a menudo del mismo en un crudo lenguaje.

Dos años después de la muerte de Oliver Cromwell, en 1660, Carlos II reclamó el trono inglés. Aunque el gobierno real había vuelto, Carlos no podía negarse simplemente a aceptar todos los cambios constitucionales que el Largo Parlamento había realizado durante la guerra civil. Aceptó las limitaciones impuestas al poder del rey pero, aun así, no existía una definición clara sobre qué dominio del gobierno pertenecía al rey y cuál al Parlamento. El acuerdo que restauró al rey en Inglaterra fue una victoria para el principio legal de la Carta Magna que limitaba el poder real, aunque se trataba de una victoria limitada. El derecho consuetudinario solo podía controlar la prerrogativa real, no prohibirla por completo.

La primera sesión del Parlamento tras la coronación de Carlos II en 1660 promulgó una legislación que ratificaba algunos de los principios de la Gran Carta. Ahora los impuestos generales siempre necesitarían la aprobación del parlamento, pero esto alcanzó igualmente a otros reales intentos de recaudar dinero, como a los derechos de aduana. Se abolieron los honorarios de caballeros y las ocupaciones militares, dejando al rey sin sus fuentes de ingresos feudales. Sin embargo, algunos monárquicos se levantaron quejándose de estas mermas en el poder ejecutivo del rey, y los comunes respondieron actuando contra aquellos que no respetaban la

Carta Magna. Los jueces, que permanecían siendo empleados del rey, a menudo se burlaban de la Carta Magna, afirmando que estaban por encima de ella y no tenían que vivir de acuerdo a la misma. Tales individuos fueron acusados de poner en peligro las libertades del pueblo y tuvieron que presentar disculpas públicas al Parlamento.

La cuestión de la soberanía permaneció sin responder durante el gobierno de Carlos II, principalmente porque se aseguró de que nunca se planteara. No estaba dispuesto a arriesgarse a correr la misma suerte que su padre y, por lo tanto, evitó provocar al Parlamento. El Parlamento también se mantuvo callado, no queriendo presionar al monarca para que resolviera el asunto. De esta manera, ambas partes continuaron trabajando en un equilibrio de poderes, evitando agitar la escena política de Inglaterra, que acababa de terminar su fase experimental como república.

Sería durante el gobierno de Jaime II cuando surgió la demanda de resolver la cuestión de la soberanía. Hermano y sucesor de Carlos II, incitó una crisis en 1686 al revivir la Corte de la Alta Comisión, un supremo tribunal eclesiástico de Inglaterra establecido durante el gobierno de Isabel I que había declarado el puritanismo como una ofensa. Este tribunal había sido disuelto en 1641 por el Parlamento Largo, y ahora, gracias al punto de vista de Jaime, había sido revivido. El Tribunal de la Alta Comisión ya no perseguía a papistas y puritanos; en su lugar, servía como medio para que el catolicismo se infiltrara en la Iglesia anglicana. Jaime manipuló diversas leyes para designar a sus correligionarios católicos en posiciones gubernamentales reservadas solo para aquellos que pertenecían a la Iglesia anglicana. La propaganda real utilizó la Carta Magna, llamando a la libertad de religión garantizada por la misma. La oposición al rey fue forzada a luchar contra la libertad religiosa ya que, admitiéndola, confirmaba que era facultad del rey hacer y deshacer leyes.

Cuando el vástago real de Jaime II nació, los opositores se mostraron indignados ante la continuidad del gobierno católico, ya que esperaban que la corona pasara a una de las hijas del rey que se encontraban casadas con príncipes protestantes. Para asegurarse de que ninguna línea católica gobernaría Inglaterra, invitaron a la hija mayor de Jaime, María, y a su marido, Guillermo de Orange, jefe de la República holandesa, a ir y a tomar la corona como gobernantes conjuntos. Guillermo aceptó la invitación, acusando a Jaime de violar la ley y de no respetar la Carta Magna. Guillermo llegó a Inglaterra en 1688 con un ejército para desafiar a Jaime, pero el rey perdió repentinamente todo su apoyo y se vio obligado a huir a Francia. El acto de abandonar Inglaterra fue considerado como una abdicación, y el Parlamento declaró el puesto de monarca vacante. Guillermo y María fueron coronados como gobernantes conjuntos, y la asamblea del Parlamento eligió ignorar las viejas costumbres inglesas de una ley hereditaria que exigía sucesores varones únicamente. Al hacerlo, reformaron la Constitución y demostraron que el poder que ejercían era mayor que el de los monarcas.

Fue debatida una nueva Carta Magna que definiera mejor los derechos de un rey y los de sus súbditos. La Carta de Derechos fue redactada y promulgada en diciembre de 1689. El proyecto de ley fue un documento pragmático, al igual que la Carta Magna. Respondía a los problemas específicos del reinado de Jaime II, enumerando doce actos ilícitos que Jaime había cometido seguidos de quince medidas para corregir sus errores. Este proyecto legislativo denegó al rey su derecho a emitir decretos con fuerza de ley, y le fue prohibido recoger o recaudar impuestos sin la aprobación del Parlamento. Convertía en ilegal que un monarca tuviera un ejército permanente sin el consentimiento del Parlamento, y el pueblo tenía garantizado su derecho a ser juzgado por un jurado. El juramento de coronación sería reformulado por otra ley para asegurar que el rey obedeciera no solo las leyes y costumbres tradicionales, sino también a los estatutos del Parlamento, una vez más, mostrando que el monarca podría ser siempre dominado por esta institución si fuera necesario. La posibilidad de una monarquía absoluta en Inglaterra murió cuando el Parlamento se hizo superior al rey. La Carta Magna continuó inspirando a la cámara, que continuó dictando órdenes y leyes que otorgarían más y más libertades al pueblo de Inglaterra.

Capítulo 11 – El Nuevo Mundo y la Carta Magna

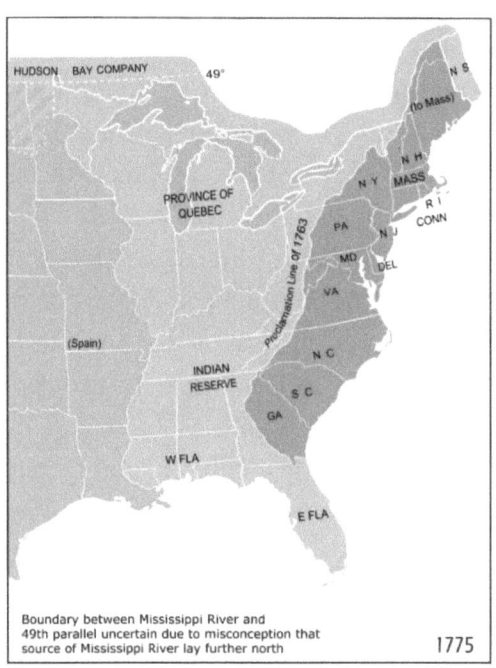

Las Trece Colonias (rojo)
(Fuente:https://en.wikipedia.org/wiki/Thirteen_Colonies#/media/File: Map_of_territorial_growth_1775.svg)

El derecho consuetudinario inglés y sus libertades comenzaron a extenderse por todo el mundo durante la expansión del Imperio británico. Sin embargo, la Carta Magna no fue aceptada en todas partes por igual. Nuevos territorios atrajeron a nuevas personas al Imperio británico, y esas conservaban sus propias leyes y costumbres centenarias. La Carta Magna fue puramente patrimonio británico, y continuó prosperando solo en las colonias cuyos ciudadanos lo eran en su mayoría. La Gran Carta continuó viva en Canadá, Australia, Nueva Zelanda y los Estados Unidos. Sin embargo, en ningún lugar el derecho consuetudinario inglés influyó tanto en toda la nación como en las primeras trece colonias de América del Norte. Allí, la Carta Magna tomó una nueva vida e influyó directamente en la formación de una nueva nación, los Estados Unidos de América.

Los colonos de América del Norte estaban convencidos de que aún se les consideraba ciudadanos de Inglaterra. Traer la Carta Magna con ellos, pensaron que les daría protección de un gobierno arbitrario. Consideraban la Gran Carta como un contrato entre ellos y el rey, y este contrato detallaba todas las obligaciones para ambas partes. En 1606, el rey James I incluso emitió una Carta que confirmaba los derechos y libertades de la Compañía de Virginia. La Carta establecía que los colonos disfrutarían de las mismas libertades e inmunidades que el pueblo de Inglaterra. Massachusetts obtuvo su propia Carta similar en 1629 que prometía libertades a los colonos como si hubieran nacido en el reino de Inglaterra.

En 1765 y 1774, fue necesaria una reafirmación de las cartas. A los colonos se les prometió que podrían mantener todas las libertades que sus antepasados inmigrantes trajeron a América. La promesa fue hecha tanto por el Congreso de la Ley del Sello como por el Primer Congreso Continental. Las libertades incluían no solo la libertad en sí misma sino también el derecho consuetudinario, por el que tenían derecho a un juicio con jurado.

Todas las cartas dadas a las colonias tenían una cláusula que fue directamente extraída de la Cláusula 29/39 de la Carta Magna. La cláusula promete que no se tomará la vida de ningún hombre, que ningún hombre será encarcelado, desterrado o desmembrado, y que las tierras de ningún hombre serán tomadas o dañadas a menos que se infrinja la ley. Durante el siguiente siglo, todas las colonias recibirían cartas similares, con cláusulas sorprendentemente similares, y todas ellas garantizarían los mismos derechos tomados directamente de la Carta Magna.

A causa de estas cartas otorgadas a las colonias americanas, los libros de leyes ingleses fueron muy demandados, especialmente los trabajos de Edward Coke sobre la Carta Magna. Filadelfia publicó la versión de la misma de 1225 como parte del tratado de William Penn. William Penn fue el fundador de la colonia cuáquera, más tarde conocida como Pennsylvania. En 1681, el rey Carlos II otorgó a Penn una Carta con la que llevó la libertad religiosa a su colonia cuáquera. En las colonias de Norteamérica, la ley se convertiría en la profesión más popular pues prometía no solo beneficios, sino también un estatus social. Muchos de los Padres Fundadores de los Estados Unidos eran abogados. De los 56 nombres firmantes de la Declaración de Independencia, 25 pertenecían a esta profesión. Entre todos ellos, Thomas Jefferson es conocido por disponer de la mejor biblioteca privada muy bien surtida de textos legales ingleses que ofrecían su interpretación de la Carta Magna.

Al principio, las colonias disfrutaban de privacidad y eran dejadas en paz, ya que el rey y el Parlamento inglés tenían poco interés en ellas. Durante cien años, América fue vista como nada más que unas tierras nuevas no rentables peor valoradas que las islas azucareras de las Indias Occidentales. Pero cuando el Imperio británico se dio cuenta del potencial de las colonias americanas e intentó influir en su economía, la gente ya estaba acostumbrada a sus libertades. De repente, la posesión de América se consideró una prerrogativa del rey, y fue este quien decidió desautorizar los actos adoptados por las asambleas coloniales. Debido a que estas no tenían una clara relación con el Parlamento inglés, el rey Jorge III ignoró su existencia. Fue el Parlamento inglés el que se encargó de regular el comercio exterior. Los miembros del mismo empezarían alegando que, como las posesiones de América se ganaban mediante la conquista o a través de acciones diplomáticas con los nativos, no se encontraban bajo la jurisdicción del derecho consuetudinario inglés. América no era parte de la patria; por lo tanto, no tenía garantía alguna de disfrutar de los mismos derechos y libertades. Pronto, el Parlamento inglés asumió la autoridad sobre las colonias, alegando que existían únicamente para aportar beneficios al Imperio británico y que, como tales, debían ser gravadas con separadas políticas económicas. Tras la guerra con Francia (1755-1763), el Parlamento esperaba que las colonias americanas organizaran sus propias defensas y pagaran impuestos más altos, que se ampliaban ahora desde el comercio a todos los aspectos de la vida. A las enfurecidas colonias no les quedó más remedio que luchar para recuperar sus libertades. La Carta Magna fue una vez más el epicentro de los acontecimientos, ya que fue citada a menudo por las colonias en panfletos y propaganda contra el gobierno del Imperio británico.

Las primeras protestas y levantamientos comenzaron en 1765 cuando el Parlamento inglés emitió la Ley de Sellos, imponiendo unos mayores impuestos a los colonos, especialmente para el material impreso. Periódicos, libros legales, revistas, cartas de juego y muchos otros materiales tuvieron que ser impresos en papel timbrado producido en Londres. El sello era un timbre fiscal que debía pagarse en moneda británica, no en el papel moneda de los colonos. Estos pusieron en práctica el lema "ningún impuesto sin representación" en su lucha por recuperar la libertad de no pagar impuestos sin consentimiento, garantizada por la Carta Magna. Incluso John Adams, en su borrador para la protesta comunitaria escribiría que el sello violaba el principio constitucional británico según el cual ningún hombre sería gravado con impuestos sin su consentimiento otorgado personalmente o mediante un apoderado. Para él, las acciones del gobierno británico entraban en conflicto directo con la Carta Magna. Sin embargo, Inglaterra no reaccionó, y fueron establecidos nuevos impuestos en 1767 y 1773, cuando la Compañía de las Indias Orientales logró el monopolio de la venta de té a las colonias. Los colonos se indignaron por tales acciones y decidieron no solo boicotear el té de la compañía, sino también tirar al mar la carga de sus barcos en un suceso conocido como la Fiesta del Té de Boston. Las consecuentes protestas fueron violentas y el Parlamento se vio obligado a emitir las Actas Intolerables de 1744, por las que se cerraba el puerto de Boston y se suspendía el flete otorgado a la colonia de Massachusetts en 1629. El objetivo era castigar a Boston y dar ejemplo a otras colonias de lo que les sucedería si no obedecían a la autoridad del Parlamento inglés.

La rebelión armada americana que siguió a los hechos tomó como precedente el levantamiento de los barones que habían exigido al rey Juan la Carta Magna. Según el punto de vista de los colonos, los barones eran héroes de la libertad popular. Durante esta época sería rediseñado el escudo de Massachusetts para representar a un miliciano con una espada en una mano y la Carta Magna en la otra. De hecho, los manifestantes combinaron avanzados puntos de vista legales con las tradicionales apelaciones a la Gran Carta en su guerra contra la Ley del Sello. Fue la ley natural la que impulsaría el pensamiento político de los revolucionarios americanos. La Carta Magna sería incluso citada en la Declaración de Independencia, firmada el 4 de julio de 1776. Los derechos naturales a la vida, la libertad y la búsqueda de la felicidad encontraron su lugar en la Declaración gracias a las audaces palabras de Thomas Jefferson. La Declaración continuaba afirmando que es derecho del pueblo cambiar o abolir el gobierno en el caso de que amenazara dichos derechos naturales. La Declaración continúa con acusando al rey de la ruptura del contrato entre él y los colonos al abolir las leyes concedidas a América. También fue culpado de organizar una guerra contra su propio pueblo, que había abandonado Inglaterra en calidad de hombres libres únicamente para convertirse en esclavos, perdiendo sus derechos básicos como ciudadanos del Imperio británico, una vez ponían el pie en las colonias. El rey Jorge III se convirtió en el símbolo de la tiranía de Inglaterra sobre sus dominios a pesar de que había sido el Parlamento quien concebiría la totalidad de las medidas para obtener provecho de las Américas. Este error no fue involuntario. Era más sencillo para el pueblo comprender una lucha contra la monarquía, dado que sus propios antepasados se habían rebelado contra ella.

Tras la Declaración de Independencia, las colonias se consideraron libres finalmente del dominio británico y ese encontraban dispuestas a redactar una nueva Constitución en sustitución de las antiguas cartas. El derecho consuetudinario de Inglaterra era la base sobre la que seguirían construyendo su propio sistema jurídico, que más tarde sería adoptado por otras colonias a medida que se incorporaran a los Estados Unidos de América. Creció de nuevo la necesidad de disponer de textos legales ingleses, y América comenzaría a imprimir material como el Compendio de Estatutos Ingleses de William Schley a partir de 1826. Esta obra en particular fue encargada por la legislatura de Georgia e incluía todo el texto de la Carta Magna de 1225.

La revolución Americana fue un rechazo directo a la autoridad soberana. Con el final de la guerra en 1783, las trece colonias mantenían una débil vinculación gracias a los Artículos de Confederación y Unión Perpetua. Sin embargo, se hacía evidente la necesidad de un poder más concentrado para mantener unidos a los nuevos estados. En 1787, nacería en Filadelfia la Constitución de los Estados Unidos nació, y de ella surgió un nuevo gobierno centralizado. Los Padres Fundadores se aseguraron de que este nuevo gobierno no fuera capaz de tiranizar al pueblo de los Estados Unidos de América, sino que fuera lo suficientemente fuerte como para protegerlo. La Constitución federal, que fue adoptada en 1789, sería el compromiso que alcanzaron para proteger a la confederación como si fuera un solo estado. La Constitución de los Estados Unidos limitó el poder del gobierno en más de un sentido. La Carta Magna había dado una lección acerca por qué el poder del gobierno debía ser limitado para que el pueblo disfrutara de sus libertades. Para lograrlo, la Constitución separó el poder del gobierno en tres ramas: la legislativa, la ejecutiva y la judicial. Cada una de estas ramas debía actuar como una restricción al poder de los demás. La Constitución americana también dividió las responsabilidades entre el gobierno federal y los estados. Sin embargo, a pesar de su mutua restricción del poder, es exactamente esta misma división entre la soberanía federal y estatal la que ha dado lugar a un conflicto que perdura hasta hoy.

Cuando la Constitución federal vio la luz, los antifederalistas protestaron porque no existía documento alguno que confirmara las libertades del pueblo igual que la Carta Magna. Los partidarios de la federación respondieron que no había necesidad de una nueva Carta Magna, ya que la confirmación de las libertades del pueblo se encontraba en la propia Constitución en forma de las diez primeras enmiendas, conocidas como la Carta de Derechos de los Estados Unidos, ratificadas en 1791. La Primera Enmienda fue mucho más allá de lo que la Carta Magna hizo a fin de limitar al gobierno. No se establecería ninguna religión oficial, no se restringiría la libertad de expresión o de prensa, ni se prohibiría la reunión pacífica o la petición de reparación de agravios. La Novena Enmienda prometía que la enumeración de derechos de un proyecto de ley no impediría al pueblo obtener nuevos derechos ni defender los restantes. Los americanos habían sido oprimidos por una monarquía y desarrollado un miedo natural a que la historia se repitiera. Para evitar que su gobierno actuara de manera similar al Parlamento inglés, se desarrollaron una serie de documentos constitucionales que garantizarían sus derechos y los protegerían de ser oprimidos nuevamente.

Fue la Quinta Enmienda la que se construyó sobre la tan conocida cláusula 29/39 de la Carta Magna. Prometía que ninguna persona sería privada de la vida, la libertad o la propiedad sin el proceso legal debido. La Sexta Enmienda continuó tomando prestadas frases exactas de la Gran Carta, como "el juicio legal de los pares" y "la ley de la tierra", mientras que prometía un juicio rápido por un jurado imparcial para aquellos acusados de crímenes. Los criminales obtuvieron el derecho a ser informados de la naturaleza de sus acusaciones y el derecho a defenderse.

Aunque la Carta Magna influyó en la Constitución y en la Declaración de Derechos de los Estados Unidos de América, perdió su papel central ante los tribunales que había tenido durante la época colonial. Sin embargo, no quedó olvidada, ya que siempre fue el documento garante del proceso debido al pueblo de América, razón por la que se le tenía en gran estima. Incluso un juez de la Corte Suprema escribió sobre la importancia de la Carta en 1819, hablando de las lecciones que la humanidad aprendió durante la lucha por defender sus libertades. La Carta Magna ha sido citada más de cien veces en las sesiones del Tribunal Supremo, e incluso los abogados de hoy en día no pueden resistirse a hacerlo. Por ejemplo, durante el famoso caso de acoso sexual de 1994 contra el presidente estadounidense Bill Clinton, el juez se pronunció en contra de retrasar el proceso mientras durase el mandato del presidente, apelando a la garantía de que incluso el soberano queda sujeto a la ley que la Carta Magna ofrece al pueblo.

La Declaración de Derechos de los Estados Unidos se fundamenta directamente en la Carta Magna, en la que se prometen libertades a personas que viven en un continente desconocido para el rey Juan o los barones. La Quinta y la Decimocuarta Enmienda se definen como "el proceso legal debido", que garantiza la dignidad, la igualdad y la libertad a todas las personas que viven en una república, sin embargo, los estadounidenses demostraron que tal concepto es flexible.

Durante mucho tiempo, los afroamericanos no disfrutaron de los mismos derechos y libertades garantizados por naturaleza a los colonos ingleses en el continente. Solo en la década de 1930 la Corte Suprema se apartaría de los dogmas de épocas anteriores revisando la Carta de Derechos para incluir a los ciudadanos de otras nacionalidades bajo su protección. A finales de la década de 1940, las personas de ascendencia africana tuvieron por fin el derecho de asistir a una escuela pública, algo que se reservaba solo para personas de ascendencia europea. La segregación se encontraba alcanzando su fin cuando, en 1946, se prohibieron las leyes que dividían a los pasajeros usuarios del transporte público. Sin embargo, el Tribunal Supremo daría su paso más audaz en 1954 cuando finalmente admitió la plena libertad e igualdad de los afroamericanos al declarar inconstitucionales las escuelas segregadas por motivos raciales.

Las libertades civiles en América se encontraron en su nivel más alto de amenaza durante las dos guerras mundiales del siglo XX. Durante estos conflictos, la restricción de la libertad de expresión fue tolerada más a menudo, igual que sucedía con las redadas de radicales o personas de ascendencia "enemiga", que a menudo fueron detenidas solo por ser de una determinada nacionalidad. Por ejemplo, durante la Segunda Guerra Mundial, las personas de ascendencia japonesa fueron reubicadas y encarceladas en campos de internamiento, aunque se tratase de ciudadanos estadounidenses de nacimiento. Sus garantizadas libertades por la Declaración de Derechos les fueron arrebatadas por la fuerza. Los internados a menudo perdían sus propiedades, ya que las restricciones les prohibían tomar más de lo que podían llevar en sus brazos. Debido a la orden de reubicación, muchas personas perdieron sus trabajos, mientras que otros serían simplemente despedidos por ser de ascendencia japonesa. No fue hasta 1976 cuando el presidente americano Gerald R. Ford admitió que el internamiento de los japoneses no fue correcto y había sido un error nacional. La Ley de Libertades Civiles de 1988 concedió indemnizaciones a los estadounidenses de ascendencia japonesa que se habían visto afectados por las acciones del gobierno estadounidense durante la Segunda Guerra Mundial.

Conclusión

La notable historia de la Carta Magna y su crónica nunca llegará a su fin sencillamente porque se trata de un documento que sigue vivo, es muy conocido y ampliamente elogiado. Nosotros también formamos parte de su historia, que se convertirá en la de las próximas generaciones. Aunque la Gran Carta mutó muchas veces a lo largo de los tiempos y posee otros nombres en multitud de países de todo el mundo, continúa manteniendo los mismos ideales de libertad que seguirán haciendo avanzar a la humanidad.

En este libro, se ha expuesto por completo el proceso político de la Carta Magna. El lector puede disfrutar de la historia, con sus personajes notables, y a través del relato, del desarrollo de uno de los más importantes documentos mundiales. Incluso hoy en día, la humanidad se hace las mismas preguntas sobre las libertades que los barones de la Inglaterra de Juan, o los Eduard Cokes de las eras isabelina y jacobea. Considerando la época actual, la Carta Magna puede parecer una vieja institución desmoronándose bajo la presión de oligarcas y déspotas codiciosos, pero sus principios, ideas y garantías están muy vivos. Aunque la llamemos por un nuevo nombre, Constitución, la Gran Carta continúa expandiéndose por todas las esferas de nuestras vidas particulares. Todavía nos protege de nuestro propio gobierno de la misma forma que protegió a los barones del abuso de poder real. Y es un recordatorio constante de la igualdad de todos a los ojos de la ley, sin excepciones, incluyendo a los ricos y poderosos.

Como piedra angular de la Constitución inglesa y la Carta de Derechos de los Estados Unidos, la Carta Magna se sigue viendo como un baluarte que protege contra el gobierno arbitrario. Curiosamente, en la actualidad es ensalzada con mucho más entusiasmo en América que en Inglaterra. La Corte Suprema Americana cita la Carta de forma continua, y no es la única institución en hacerlo. Es mencionada frecuentemente en debates políticos, judiciales y en los medios de comunicación, ya sea en formato impreso o digital.

La Carta Magna demostró su capacidad de crecer con el tiempo. Desde las sublevaciones de los barones en el siglo XIII hasta la Revolución Americana en el siglo XVIII, la Gran Carta demostró ser un documento resistente. El texto original sufrió tantos cambios que hoy en día tenemos difícilmente puede ser llamado la Carta Magna, pero los principios e ideas originales permanecen todavía muy vivos en los libros legales de hoy. Manteniendo la tradición de oponerse a las amenazas del gobierno a las libertades de la gente, la Carta Magna tiene, incluso hoy en día, un papel que desempeñar. Sigue siendo una inspiración para la gente que busca derrocar el yugo de la tiranía.

Referencias

Davis, G. R. C. (1999). *Magna Carta*. Londres: British Library.

Holt, J. C., & Hudson, J. (2015). *Magna Carta*. Cambridge: Cambridge University Press.

Howard, A. E. D. (1968). *The road from Runnymede; Magna Carta and constitutionalism in America*. Charlottesville: University of Virginia Press.

Howard, A. E. D. (1998). *Magna Carta: text and commentary*. Charlottesville: University Press of Virginia.

King, E. (1988). *Medieval England, 1066-1485*. Oxford: Phaidon.

Linebaugh, P. (2008). *The Magna Carta manifesto: liberties and commons for all*. Berkeley: University of California Press.

Morris, M. (2015). *King John: treachery and tyranny in medieval England: the road to Magna Carta*. Nueva York: Pegasus Books.

Vea más libros escritos por Captivating History

www.ingramcontent.com/pod-product-compliance
Lightning Source LLC
LaVergne TN
LVHW041647060526
838200LV00040B/1747